" 달마다 재미있게 배우는
그림책 환경 수업 이야기 "

그림책과 함께하는
일 년 열두 달 환경 기념일 수업

그림책 수집가
김나영 김지미 김효남 박민선 송윤희
이도경 이승주 임주미 정혜민 최지연

에듀니티

작가의 말

환경 기념일과 그림책의 만남!

그림책 수집가

환경이란 무엇일까요? 환경은 사람을 포함해 지구에 있는 모든 생명체 주위를 둘러싼 모든 것을 말합니다. 과거에는 환경교육이 주로 지구 오염 문제를 다루었다면, 이제는 환경 오염으로 인한 인간의 피해뿐만 아니라 존중받아야 할 생명들에 대해서도 다루고 있습니다. 생태 환경교육을 통해 우리는 수많은 소중한 생명들이 있다는 것을 깨닫고, 주변을 돌아보며 관심을 가지고 함께 살아가야 한다는 사실을 알게 됩니다. 마치 가족에게 문제가 생겼을 때 해결하려고 노력하듯, 이제는 지구에 있는 생명체들에게 닥친 문제에도 관심을 가져야 할 필요가 있습니다. 나무든, 고양이든, 고래든, 철새든, 혹은 우리나라에서 멀리 떨어진 곳에서 벌어지는 일일지라도 말입니다. 그러나 이러한 문제들을 아이들과 어떻게 풀어갈지에 대해서 많은 고민이 필요했습니다.

그래서 주제로 생각했던 것은 여러 국제단체에서 정한 환경 기념일이었습니다. 지구의 날, 세계 환경의 날 등 다양한 환경 기념일은 환경 보호의 중요성을 상기시키는 데 큰 역할을 합니다. 이를 활용하면 학생들에게 환경에 대한 다양한 관점과 실천 경험을 제공할 수 있습니다. 예를 들어, 지구의 날에는 자연 보호 활동에 참여하면서 학생들이 직접 환경 보호의 중요성을 느낄 수 있습니다. 결국, 환경 기념일을 활용한 교육은 단순한 지식 전달을 넘어 학생들이 환경 보호의 주체로 성장할 수 있도록 돕는 중요한 발판이 됩니다. 환경 기념일에 포함되는 난민의 날, 철도의 날, 고양이의 날, 빈곤 퇴치의 날, 도시의 날, 세계 화장실의 날 등은 언뜻 보면 환경과 관련성이 없어 보이지만 조금만 더 깊게 살펴본다면 결국 환경과 연결된다는 것을 알 수 있습니다. 예를 들어 난민 문제가 발생하는 이유 중 하나는 환경 파괴와 기후변화입니다. 난민의 날을 기념하며 우리는 난민 문제가 왜 발생하는지, 그리고 이러한 문제들이 환경과 어떻게 연결되어 있는지를 배우는 기회를 가질 수 있습니다.

그렇다면 왜 그림책 환경교육일까요? 가장 큰 이유는 학생들이 자신만의 환경 감수성을 지닌 자발적인 환경 보호자로 성장하도록 돕기 위함입니다. 그림책은 사소한 요소에도 작가의 의도가 담겨 있습니다. 학생들은 글과 그림을 자신만의 시각으로 해석하고, 스스로 궁금증을 해결해 나갑니다. 이 과정에서 자신만의 환경 감수성을 정립하게 되며, 기존에는 환경을 인간이 살아가는 데 필요한 수단으로 여겼다면 이제는 환경 그 자체를 소중하게 여기게 됩니다. 이러한 감수성은 단순한 지식에 그치지 않고 행동으로 이어지게 만드는 힘이 됩니다. 그리고 일상에서 환경 보호 실천을 자연스럽게 통합할 수 있는 의지를 갖게 됩니다. 환경 보호가 내 삶의 일부가 되고, 가까운 사람들과 함께할 때 그 실천은 개인이 아닌 집단의 노력이 됩니다.

이 책은 환경 기념일에 맞춘 그림책과 다양한 활동들로 구성되어 있어, 학생들이 환경에 대한 감수성을 키우고 이를 행동으로 옮길 수 있도록 돕습니다. 학생들뿐만 아니라 교사와 보호자들도 일상에서 환경 보호의 중요성을 자연스럽게 체득할 기회를 제공합니다. 그림책에 나온 멸종 위기 동물을 그리고, 환경 문제에 대해 토론하며, 일상에서 실천할 수 있는 미션을 수행함으로써 우리의 삶을 풍요롭게 하고 지구를 지키는 중요한 첫걸음을 내디딜 수 있습니다. 방학 기간에 환경 기념일이 있을 때는 꼭 그날이 아니더라도 교육과정과 연계하여 기념일의 의미를 생각해 보며 수업할 수 있습니다.

많은 선생님께서 직접 수업 현장에서 효과를 경험한 유익한 활동들을 공유하고자 이 책을 펴냈습니다. 작은 실천이 모여 거대한 변화를 만들어내고, 그로 인해 미래 세대가 깨끗하고 안전한 지구에서 살아갈 수 있게 됩니다. 환경교육을 하고 싶은데 어떻게 해야 할지 고민이라면, 이 책을 통해 환경교육에 대한 의미 있고 효과적인 수업을 진행하실 수 있습니다. 그림책과 환경 기념일에 맞춘 다양한 활동들이 여러분의 환경 보호 여정에 손쉽지만 큰 도움이 되기를 기대합니다.

{ 차 례 }

| 작가의 말 | 환경 기념일과 그림책의 만남! | 5 |

March

3월 3일	세계 야생 동식물의 날 『마지막 호랑이』	13
3월 18일	세계 재활용의 날 『플라스틱 인간』	18
3월 20일	세계 참새의 날 『참새를 따라가면』	24
3월 21일	국제 숲의 날 『숲』	30
3월 22일	세계 물의 날 『안녕, 물!』	37
3월 23일	세계 기상의 날 『투발루에게 수영을 가르칠 걸 그랬어!』	43

April

4월 4일	종이 안 쓰는 날 『작은 종이 봉지의 아주 특별한 이야기』	49
4월 5일	식목일 『나무는 좋다』	56
4월 7일	세계 보건의 날 『감기벌레는 집 짓기를 좋아해』	61
4월 22일	지구의 날 『고작 2℃에...』	68
4월 25일	세계 펭귄의 날 『안녕, 폴』	75

May

5월, 10월 둘째 주 토요일	세계 철새의 날 『한밤의 철새 통신』	81
5월 20일	세계 벌의 날 『꿀벌과 함께 시작돼요』	87
5월 22일	국제 생물 다양성의 날 『지구에는 생물이 가득가득』	93
5월 23일	세계 거북이의 날 『아기 거북이 클로버』	99

June

6월 4일	세계 자전거의 날 『자전거가 지구를 살려요』	105
6월 5일	세계 환경의 날 『바다와 큰 사람』	111
6월 8일	세계 해양의 날 『바다의 색』	117
6월 17일	세계 사막화 방지의 날 『다시 초록 섬』	122
6월 20일	세계 난민의 날 『집으로 돌아가는 길』	129
6월 28일	철도의 날 『기차 타고 떠나는 여행』	136

July

7월 3일	세계 일회용 비닐봉투 없는 날 『비닐봉지 하나가』	143
7월 26일	국제 맹그로브 생태계 보존의 날 『맹그로브』	150

August

8월 8일	세계 고양이의 날 『시큰둥이 고양이』	157
8월 22일	에너지의 날 『우리 집 전기가 집을 나갔어요!』	163

September

9월 6일	자원순환의 날 『레미 할머니의 서랍』	169
9월 7일	푸른 하늘의 날 『죽음의 먼지가 내려와요』	175
9월 22일	세계 차 없는 날 『초록 자전거』	181
9월 셋째 주 토요일	국제 연안 정화의 날 『고양이와 바다표범 조사단』	188
9월 29일	음식물 쓰레기의 날 (덴마크) 『냉장고 먹는 괴물』	194

October

10월 1일	세계 채식인의 날 『우리를 먹지 마세요!』	200
10월 17일	국제 빈곤 퇴치의 날 『거짓말 같은 이야기』	205
10월 21일	세계 지렁이의 날 『지렁이 굴로 들어가 볼래?』	212
10월 31일	세계 도시의 날 『작은 집 이야기』	218

November

| 11월 19일 | 세계 화장실의 날 『전쟁이 좋아하지 않는 것들』 | 224 |

December

| 12월 5일 | 세계 토양의 날 『땅속 마을의 수상한 이웃』 | 232 |
| 12월 11일 | 국제 산의 날 『산 아줌마』 | 238 |

February

2월 2일	세계 습지의 날 『황새 봉순이』	245
2월 셋째 주 일요일	세계 고래의 날 『고래를 삼킨 바다 쓰레기』	252
2월 27일	국제 북극곰의 날 『북극곰 살아남다』	258

| 부록 | 환경교육 추천 사이트 | 264 |
| | 환경교육 체험학습 추천 장소 | 266 |

3/3

세계 야생 동식물의 날
World Wildlife Day

"엄마, 산에 가면 호랑이 있어?"
"응, 호랑이? 호랑이 보고 싶어서 그래? 동물원...."

그림책을 읽다가 아이의 말에 무심코 대답하는 스스로에게 놀란 적이 있습니다. 이야기 속에 나오는 수많은 동식물이 우리 곁에서 사라지고 있습니다. 그나마 남은 동물들도 사람들의 흥미를 위해, 혹은 보호종이라는 이유로 동물원에서 사람들의 통제를 받으며 살아가고 있습니다.

세계 야생 동식물의 날은 '멸종 위기에 처한 야생 동식물종의 국제 거래에 관한 협약the Convention on International Trade in Endangered Species of Wild Fauna and Flora, CITES'을 기념하기 위해 제정되었습니다. 협약에 따라 멸종 위기에 처한 야생 동식물은 세 단계로 구분되어 국제 거래가 규제됩니다. 멸종 위기의 야생 동식물이 지금도 거래되고 있다는 사실이 슬프기만 합니다. 포획, 환경오염, 서식지 파괴 등으로 야생 동식물이 멸종되어 간다는 것은 인간에게도 살기 어려운 환경이 되어가고 있다는 뜻입니다. 멸종 위기의 야생 동식물에 대해 관심을 두고, 더불어 살아가는 지구를 위해 고민해 보아야 합니다.

{ 마지막 호랑이 }

베키 데이비스(Becky Davies) 글. 제니 포(Jennie Poh) 그림. 김영옥 옮김. 파랑서재
추천 대상: 4~6학년

　아샤는 숲속에 사는 호랑이입니다. 풍요롭고 생기가 넘치던 숲속이, 어느 날부터인가 변해갑니다. 날씨가 점점 더워지고 많은 비가 내리더니 마침내 큰 홍수가 나고 맙니다. 새로운 보금자리를 찾아 떠나는 마지막 호랑이 아샤. 우리가 아샤를 위해 할 수 있는 일이 있을까요?

　『마지막 호랑이』 뒷부분에는 서식지가 파괴된 멸종 동물과 우리가 구해낼 수 있는 동물이 수록되어 있습니다. 우리가 구해낼 수 있는 동물에 '호랑이'가 등장하는 것은 더 이상 낯선 이야기가 아닙니다. 세계 야생 동식물의 날을 맞이하여 멸종 위기의 동물을 알아보는 시간을 갖습니다. 또, 환경오염에 따른 산림과 서식지 파괴의 위험성을 알아보고 동물을 사랑하는 마음을 기르도록 합니다.

1. 세계 야생 동식물의 날 알아보기

PPT를 통해 세계 야생 동식물의 날에 대해 알아보고, 간단한 퀴즈를 풀어봅니다.

우리가 친숙하게 알고 있던 호랑이, 표범, 바다사자 등 야생 동식물의 사진을 보여주고 이 동식물의 공통점을 찾아보게 합니다. 흔하게 알고 있던 이 동식물이 모두 멸종 위기 동식물임을 알고 학생들은 멸종 위기 동식물이 생각보다 많다는 것을 느끼게 됩니다.

2. 궁금한 내용 질문하고 답하기

책 내용 질문하기 활동을 하다 보면, 사실, 이해, 적용, 상상, 종합 질문 중에서 '사실확인'과 '내용 이해'의 질문을 하는 경우가 많습니다. 하지만 자기 삶과 연결 지어 생각해 보는 습관을 갖기 위해서는 '적용 질문'과 확산적 사고를 촉진하는 '상상 질문', '종합 질문'을 많이 해 보는 것이 좋습니다. 하브루타 질문법을 응용하여 적용 질문이나 상상 질문을 하도록 지도합니다. 적용 질문이나 상상 질문은 '왜', '만약에', '만약 내가 ~라면' 등을 넣으면 쉽게 만들어 볼 수 있습니다. 자기 삶과 연결되는 질문을 많이 만들도록 이끌어 줍니다.

아샤야 숲에서 떠날때 기분이 어땠니?

아샤야 새로운 숲은 어떠니?

아샤의 숲은 왜 없어졌나요?

멸종위기동물은 무엇이 있나요?

3. '아샤의 숲' 그리기

아샤에게 선물하고 싶은 멋진 숲을 그려봅니다. 아샤가 살던 숲에는 어떤 동물들이 살고 있었을까요? 아샤의 숲에는 어떤 것들이 있으면 좋을까요? 아샤에게는 어떤 먹잇감이 있어야 할까요? 질문하고 답하기 활동과 인터넷 검색 등을 활용하여 호랑이가 살기 좋은 서식지와 밀림에 관심을 두도록 하고, 아샤에게 선물해 주고 싶은 멋진 숲을 그려봅니다. 학생들은 아샤가 쉴 수 있는 동굴과 푹신한 덤불, 고기(먹잇감)를 선물하기도 하고, 시원한 연못을 그려주기도 합니다. 숲 그리기를 어려워하는 친구들은 간단한 표어 만들기나 포스터로 수업을 변형해서 진행해도 좋습니다.

그림책 활동 팁!

멸종 위기 동식물이 궁금하다면

멸종 위기 동식물에 대해 더 알아보고 싶고, 궁금해하는 친구들이 있을 때, 참고 영상이나 참고 사이트 등을 알려주면 좋습니다. 몇 가지 추천 사이트를 알려드립니다.

[국립생태원] 멸종위기종이 사라지면 인간도 큰일 난다고?

https://youtu.be/EEvBV8mBG9o

⇨ 모리셔스섬의 도도새가 사라지고 난 후, 일어난 생태계 도미노 현상을 통해 멸종위기종의 중요성에 대해 쉽게 설명해 줍니다. 멸종위기종이 왜 중요한지 가르쳐 줍니다.

[국립생태원] 멸종위기 야생생물_ 가는 동자꽃 이야기

https://www.youtube.com/watch?v=OvxMGl8v7D4

⇨ 멸종 위기 II급 식물인 『가는 동자꽃』이 자생하는 대한민국의 마지막 장소 [금정산]을 소개합니다.

함께 읽으면 좋은 그림책

『우리 여기 있어요 동물원』은 자연 속에서 살아야 할 동물들이 동물원에 갇혀 살며 지내는 모습을 동물의 처지에서 생각해 보게 하는 그림책입니다. 학생들과 함께 동물원에 관해 토론해보아도 좋고, 동물의 마음에 대해 적어보게 해도 좋습니다.

_ 허정윤 글. 고정순 그림. 반달

『코끼리 서커스』는 즐겁게 코끼리 서커스 공연을 즐기는 우리 모습과 공연이 끝난 후 코끼리 모습의 대비를 담은 책입니다. 자유롭게 밀림에서 살았을 코끼리를 생각해 보며, 야생 동물의 공연에 대해서 고민해 볼 수 있습니다.

_ 곽영미 글. 김선영 그림. 숨쉬는 책공장

3/18

세계 재활용의 날
Global Recycling Day

　매주 수요일은 아파트 분리배출 날입니다. 두 아이와 함께 분리배출을 하러 갑니다. "아빠, 이건 어디에 버려요?", "그건 플라스틱이야. 여기에 버리면 돼", "엄마, 이 플라스틱들은 왜 따로 모아져 있어요?", "그건 투명 페트병이야. 투명 페트병은 다른 자원에 비해 재활용이 쉽고 다시 활용하기 좋아서 따로 분리하는 거란다." 아이들과 함께 분리배출을 하며 자연스럽게 재활용에 대해 이야기를 나누어 보면 어떨까요?

　세계 재활용의 날Global Recycling Day은 글로벌 재활용 재단Global Recycling Foundation에서 재활용의 중요성을 알려, 우리가 매립하는 쓰레기를 줄이고, 자원을 효율적으로 사용하자는 메시지를 전하기 위해 만든 날입니다. 재활용이 중요한 이유는 자원 고갈과 환경오염을 막을 수 있기 때문입니다. 또한, 재활용을 통해 탄소 배출량을 줄이고 기후변화에도 긍정적인 영향을 줄 수 있습니다. 우리가 일상에서 재활용을 잘 실천한다면, 더 건강한 지구를 만들 수 있다는 사실을 잊지 않았으면 좋겠습니다.

{ 플라스틱 인간 }

안수민 글. 이지현 그림. 국민서관
추천 대상: 전 학년

　주인공 제임스 씨는 늘 그렇듯 아침으로 뜨거운 조개 수프를 먹은 후, 커피 한 잔을 들고 회사로 향했습니다. 평소와 다를 것 없이 평범했던 날, '그것'은 제임스 씨의 배꼽에서 태어났습니다. 손가락 두 마디보다도 작고 인간을 닮은 그것을 과학자들은 '플라스틱 인간'이라고 부릅니다. 사람들은 이 신기한 생명체를 사랑했습니다. 사람들은 이 귀엽고 다재다능한 플라스틱 인간을 열심히 키웠습니다. 앞으로 일어날 기막힌 일은 상상도 하지 못한 채.

　『플라스틱 인간』은 플라스틱 시대를 살아가고 있는 우리에게 강렬한 경고 메시지를 보냅니다. 플라스틱이 환경에 미치는 영향은 무시한 채, 그저 값싸고 편리하다며 플라스틱을 마구 사용하고 있는 우리의 미래는 과연 어떻게 될까요? 어쩌면 플라스틱 인간이 그저 상상 속 이야기가 아니라 현실이 될지도 모릅니다. 이 그림책을 통해 학생들이 플라스틱 문제의 심각성을 깨닫고 자원순환에 관심을 가지길 바랍니다.

1. 그림책 제목 맞추기

그림책을 읽기 전, 그림책 표지와 면지를 자세히 살펴보고 이 책의 주제인 '플라스틱'을 발견하도록 하는 활동입니다. 그림책 표지의 플라스틱 글자를 가리고 학생들에게 그림책 제목을 유추하도록 합니다. 표지에는 핸드폰, 컴퓨터, 병뚜껑, 선풍기 날개, 플라스틱 의자, 플라스틱 빨대, 페트병 등이 그려져 있습니다. 그림을 자세히 살펴보면서 공통점이 무엇인지 찾아봅니다.

표지를 샅샅이 살펴본 다음 면지도 함께 살펴봅니다. 면지에는 책상 위에 일회용 커피 컵, 플라스틱 빨대 등이 그려져 있습니다. 문구도 함께 읽어보며 '아주 오래전부터 그곳에 있었고, 세상을 뒤흔든 놀라운 인간'은 과연 어떤 인간일지 함께 고민해 봅니다. 그림책을 읽기 전 그림책에 대한 흥미와 집중력을 높일 수 있는 활동입니다.

2. 그림책 마지막 장면 상상하고 뒷이야기 그리기

그림책 마지막 부분에 더 이상 플라스틱 인간을 감당하지 못하고 화가 난 제임스 씨가 "내 집에서 당장 나가!"라고 소리칩니다. 그러나 플라스틱 인간은 오히려 제임스 씨를 노려보며 "이 집의 주인은 바로 나!"라고 말하며 그림책이 끝납니다. 학생들에게 마지막 장면을 보여주지 않고 플라스틱 인간이 한 말이 무엇일지 상상하도록 합니다. 함께 마지막 장면을 확인해 본 후, 그 이후 제임스 씨는 어떻게 되었을지 이어질 이야기를 4컷 만화로 그립니다. 제임스 씨가 어떻게 행동하느냐에 따라 결말이 달라질 것입니다. 우리의 지구도 마찬가지입니다. 앞으로 우리의 노력에 지구의 미래가 달려있습니다. 『플라스틱 인간』의 뒷이야기를 상상하며 우리의 미래도 함께 고민해 보는 시간을 가집니다.

『플라스틱 인간』
이어질 이야기 상상하기
(4컷 만화)

3. 바이바이^{Bye Bye} 플라스틱

올바른 재활용을 일상생활 속에서 실천할 수 있도록 분리배출 방법을 알아봅니다. 환경부에서 제시하는 올바른 분리배출 방법은 '비운다, 헹군다, 분리한다, 섞지 않는다'입니다. '내 손 안의 분리배출' 모바일 앱을 활용하면 쉽게 품목별 분리배출 요령에 대해 알 수 있습니다. 재활용 방법을 알아본 후, 우리 동네에 있는 순환자원 회수 로봇을 찾아봅니다. 순환자원 회수 로봇은 올바른 분리배출 습관을 기르고 폐기물의 재활용률을 높이기 위해 만들어진 특별한 로봇입니다. 대표적으로 수퍼빈^{Superbin}이 운영하는 네프론^{Nephron}[1]과 이노버스^{Inobus}가 운영하는 쓰샘[2]이 있습니다. 학생들과 함께 우리 동네에 있는 로봇의 위치를 찾아보고 사용법을 익힌 후, 가정에서 발생하는 재활용품을 직접 순환자원 회수 로봇에 넣어보기로 약속합니다.

네프론

---

[1] 수퍼빈(Superbin)에서 만든 순환자원 회수 로봇. 수퍼빈 앱을 설치하고 네프론(Nephron)에 캔, 페트병을 투입하면 보상이 제공됩니다.

[2] 이노버스(Inobus)에서 만든 순환자원 회수 로봇. 페트병 리사이클 로봇 리팻(RePET)과 일회용컵 세척수거기 리컵(ReCUP)이 있습니다. 리턴 앱을 설치하면 쓰샘을 이용할 수 있습니다.

[3] 오이스터에이블(Oyster able)에서 만든 순환자원 회수 로봇. 오늘의 분리수거 앱을 설치하고 오분에 페트병, 캔, 우유팩을 투입하면 포인트를 받을 수 있습니다.

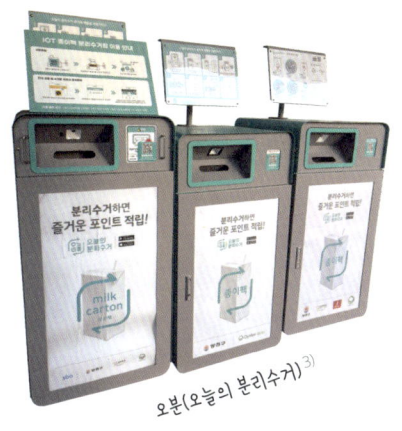
오분(오늘의 분리수거)3)

쓰샘

에듀테크 활용 수업으로 진행할 수 있습니다

활동 2 4컷 만화 그리기를 할 때 태블릿을 활용하여 그리면 종이도 아낄 수 있고 학생들이 만화를 더 쉽게 수정할 수 있습니다. 작품을 패들렛(Padlet)에 올려 공유하기도 쉬워서 추천하는 방법입니다. 활동 3 우리 동네 주변 순환자원 회수 로봇 찾기에서도 교사가 앱 화면을 미러링해서 보여주거나 학생들이 태블릿을 활용해 직접 위치를 찾아보게 할 수 있습니다.

함께 읽으면 좋은 그림책

『미세미세한 맛 플라수프』에는 놀다가 망가지면 버리고 쓰다가 싫증 나면 버리는 주인공 폴리가 등장합니다. 폴리가 버린 플라스틱 조각이 세상을 돌아다니다가 결국 우리의 몸속으로 들어간다는 내용을 담고 있습니다. 한 편의 단편 영화처럼 펼쳐지는 그림책을 읽다 보면 미세플라스틱의 심각성을 느낄 수 있습니다.

_ 김지형 글·그림. 조은수 글. 두마리토끼책

3/20

세계 참새의 날
World Sparrow Day

우리가 살고 있는 곳이라면 시골이든 도시든 어디에서도 흔하게 볼 수 있는 새가 참새이지 않을까요? 그래서 참새를 보호하자는 말이 이해가 가지 않을 수 있습니다. 참새는 천적으로부터 보호받으며 살기 위해서 어쩌면 더 무서운 천적일 수 있는 사람 가까이에서 산다고 합니다. 그런데 농촌에서는 농약 사용이 늘고, 도시에서는 자동차 소음, 대기 오염 등으로 인해 참새의 서식지가 줄어들고 있습니다. 이에 따라 주변에서 흔하게 볼 수 있어 많을 것으로 생각했던 참새의 개체 수도 세계적으로 줄어들고 있다고 합니다. 세계 참새의 날은 인도의 환경단체 '네이처 포에버 소사이어티 Nature Forever Society'가 도시에서 참새를 보호하자는 취지에서 프랑스 '에코시스 액션 재단 Eco-Sys Action Foundation'과 함께 2010년에 제정하여 매년 3월 20일에 기념되는 날입니다. 가능한 한 많은 사람을 지구상의 참새와 그들의 서식지를 보존하는 데 참여시키는 것을 목표로 합니다. 우리도 우리 주변에 함께 살아가는 참새 등 여러 새에게 관심을 두고 서식지 보존을 위해 노력해야 합니다.

{ 참새를 따라가면

김규아 글·그림. 창비
추천 대상: 1~2학년 }

『참새를 따라가면』은 고층 빌딩으로 둘러싸인 도시에서 외로운 마음을 달래는 아이와, 이를 누구보다도 잘 알아주는 참새들의 우정 이야기가 그려져 있습니다. 참새와 함께하면 자신도 뭐든지 할 수 있을 것 같다고 고백하는 아이의 목소리가 용기와 자신감을 북돋웁니다. 이 책은 아이들이 도시 안의 작은 생명체와 친구가 되길 바라는 마음을 담고 있습니다.

그림책 수업을 하며 참새 소리를 들어보고, 그림책의 아이처럼 참새는 무엇을 하고 있을까 관심을 두고, 참새가 서식지를 떠나지 않도록 물그릇을 꾸며 가져다 놓고 살펴볼 수 있도록 하려고 합니다. 이 수업을 통해 학생들이 그냥 지나쳤던 주변 환경에 관심을 가지고, 삶의 일부로 받아들였으면 좋겠습니다.

1. 참새 소리를 찾아라!

우리 주변에는 다양한 자연의 소리가 들려옵니다. 그렇지만 도시 속 소음과 스마트폰의 소리에 묻혀서 자연의 소리를 듣기가 어렵습니다. 학생들이 주변 자연의 소리에 관심을 두었으면 하는 마음으로 학교 주변에서 들을 수 있는 새 소리를 들려줍니다. 비둘기 소리, 까치 소리, 뻐꾸기 소리, 참새 소리 중에서 그림책의 주인공인 참새 소리를 찾아보도록 합니다. 직접 밖으로 나가서 학교 주변의 새 소리를 들어본다면 자연에 대한 관심이 더 커질 수 있습니다.

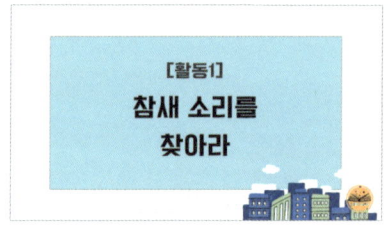 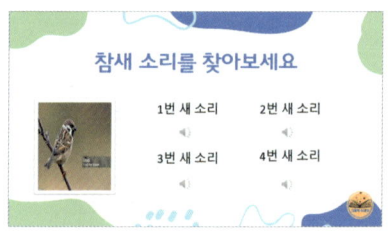

2. 참새가 하는 일 상상하기

그림책을 읽은 후 참새의 먹이, 사는 곳, 좋아하는 것 등 참새에 대한 이야기를 나눕니다. 그리고 주인공 여자아이가 상상했던 것도 하나씩 짚어가며 정리해 봅니다. 그런 후 그림책의 아이처럼 내가 선생님, 친구들과 수업하는 지금 참새는 무엇을 하고 있을까 상상해서 그려봅니다. 줄넘기하고 있지 않을까, 학교에 가고 있지 않을까 여러 가지 상상을 할 수 있습니다.

3. 참새 물그릇 꾸며 가져다 놓기

참새가 지금 살고 있는 곳을 떠나지 않고 잘 살 수 있도록 참새가 물을 마실 수 있는 물그릇을 꾸며서 참새가 있는 곳을 찾아 가져다 놓습니다.

먼저, 참새 물그릇을 꾸밀 때는 재활용할 수 있는 그릇을 활용하여 바깥 부분만 꾸밉니다. 꾸미는 내용으로는 참새가 좋아하는 먹이, 좋아하는 일, 참새에게 하고 싶은 말 등으로 꾸미면 좋습니다. 그리고 안쪽에는 물을 담아야 하니 꾸미지 않도록 안내합니다.

참새 물그릇을 완성했다면 학교 주변의 참새가 있는 곳을 찾아갑니다. 찾아가서 참새가 어디에 앉는지를 살펴보고 물그릇을 어디에 놓아야 할지 생각해 본 후 적당한 곳에 물그릇을 놓도록 합니다. 물그릇을 놓고 끝나는 것이 아니라 이후에도 물그릇에 물이 있는지를 확인하고 물을 채워주는 일이 계속될 수 있도록 합니다.

 그림책 활동 팁!

정보를 수집하면 더 풍성한 상상하기가 가능합니다

'참새가 하는 일 상상하기' 활동은 참새에 대한 정보가 많을수록 더 다양하게 상상할 수 있습니다. 참새 관련 책을 보거나, 태블릿으로 정보를 더 알아본 후 활동하면 좋습니다. 또는 참새 관련 영상을 보여주어도 좋습니다.

생명존중교육과 연계해서 수업합니다 학습지

그림책의 아이는 외로운 마음을 달래며 참새와 함께하면 뭐든지 할 수 있는 용기가 날 것 같다는 아이입니다. 이 아이에게도 생명이 소중하고, 주변 생물들의 생명도 소중하다는 것을 연결하여 생명존중교육과 연계해서 수업해도 좋습니다. 더하기 활동으로 참새 둥지 찾아 미로 찾기 활동지를 추가로 활용할 수 있습니다.

함께 읽으면 좋은 그림책

『**참새와 도미노**』는 큰 도미노 행사장에 들어온 참새 한 마리로 인해 벌어지는 해프닝을 다룬 책입니다. 도미노 행사를 성공시키기 위해 참새에게 행하는 사람들의 행동들을 통해 우리 사람들의 주변 생물을 대하는 여러 모습을 돌아볼 수 있습니다.

_ 조우영 글·그림. 바람의아이들

『**참새가 궁금해?**』 참새는 주변에서 쉽게 볼 수 있는 '익숙한' 새이지만, 실제로 참새가 어떤 새인지를 잘 알지는 못합니다. 『참새가 궁금해?』는 참새 기본 정보에서부터 관련 이슈까지 꼼꼼히 살펴 쉽게 풀이하여 익숙한 듯 낯선 참새를 제대로 알 수 있습니다.

_ 채희영 글. 김왕주 그림. 자연과생태

3/21

국제 숲의 날
International Day of Forests

나무들이 무성하게 우거지거나 꽉 들어찬 것을 수풀이라 하고, 줄여서 보통 숲이라고 부릅니다. 숲은 인간을 비롯한 생명에게 필요한 산소를 공급해 주고, 다양한 생물들에게 서식지를 제공합니다. 또 숲은 공기와 물을 정화하며, 빗물을 흡수하여 홍수를 예방해 줍니다. 그리고 숲은 지구의 기후를 조절하여 기온을 안정화하는 역할을 합니다. 이처럼 숲은 오랜 세월 사람들이 안정된 생활을 할 수 있도록 도움을 주었습니다. 그러나 사람들은 숲의 대단한 역할을 당연히 여기며 살아왔습니다. 심지어 세계 곳곳에서 사람들이 숲을 파괴하고 있다는 소식은 어렵지 않게 들을 수 있습니다.

숲의 중요성을 일깨우기 위해 유엔UN은 2012년에 매년 3월 21일을 국제 숲의 날International Day of Forests로 지정했습니다. 이날은 '세계 산림의 날', '세계 숲의 날'로도 부릅니다. 국제 숲의 날 수업을 통해서 숲에 관심을 가지고, 숲을 보호하는 일에 적극적으로 참여하는 학생들이 되었으면 합니다. 이제는 숲에서 받은 사랑을 되돌려주는 삶을 살 때입니다.

이주미 글·그림. 현북스
추천 대상: 3~6학년

 책 표지 속 고릴라는 숲에서 태어나 숲에서 살고 있는 존재입니다. 고릴라의 아빠도, 아빠의 아빠도, 아빠의 아빠의 아빠까지도 대대로 숲에서 태어나고 살아왔습니다. 그런데 어느 날 곧 있을 축구 경기 때문에 숲을 떠나야 하는 상황이 발생합니다. 숲의 나무를 베어내고 그곳에 축구 경기장을 지어야 하기 때문입니다. 고릴라의 친구들은 하나둘 숲을 떠나기 시작하고, 사람들은 나무들을 쓰러뜨리기 시작합니다. 무서움에 떠는 고릴라에게 아빠 고릴라는 절대 숲을 떠나지 않을 거라 말합니다. 숲이 사라지면 고릴라들도 사라질 것을 알기에.

 『숲』은 인간들의 개발로 인해 숲이 파괴되는 모습을 동물의 시점으로 보여줍니다. 또한 숲이 파괴되면 홍수와 같은 자연재해가 일어나 많은 동물의 생명이 위험해짐을 보여줍니다. 과연 인간들의 편의와 이익을 위한 무분별한 개발이 동물의 생명만 위협하는 걸까요? 결국 숲 파괴는 인간의 생명까지 위협할 수 있다는 것을 생각해 보는 시간이 되길 바랍니다.

1. 숲이 사라져요

숲을 사라지게 하는 원인을 찾아보는 활동입니다. 이 활동을 하는 이유는 우리 삶 속에 숲을 파괴하여 만들어 낸 물건들이 생각보다 많지만, 이를 잘 인식하지 못하고 함부로 물건을 사용하고 있기 때문입니다.

먼저 그림책을 읽고, 고릴라가 사는 숲이 사라지는 이유를 발표해 봅니다. 축구장 건설, 인간의 욕심, 무분별한 개발과 같은 것들을 생각해 볼 수 있습니다. 그림책에 나타난 이유 외에도 숲을 파괴하는 원인을 더 찾아보기 위해 학생들에게 학습지를 나누어 줍니다. 학습지에 제시된 다양한 단어 중 숲을 사라지게 하는 원인을 찾아 색칠하도록 합니다. 학생들은 숲을 파괴하는 원인으로 산불, 나무젓가락, 휴지, 종이 등을 쉽게 찾아낼 수 있을 것입니다. 그러나 초콜릿, 과자, 도넛, 아이스크림, 라면, 치약, 샴푸, 세제, 로션, 립스틱, 휴대전화를 숲 파괴의 원인으로 찾기는 어려울 것입니다.

이후 학생들은 PPT 속 설명을 교사와 함께 보며, 우리가 일상생활에서 흔히 먹는 음식이나 많이 사용하는 생활용품도 숲 파괴와 관련이 있다는 것을 알게 됩니다. 숲을 파괴하는 원인을 다 색칠하면 '숲'이라는 글자가 나옵니다. 학생들의 삶이 숲과 깊이 연결되어 있음을 깨닫는 시간이 되었으면 좋겠습니다.

활동1
숲이 사라지는 이유
팜유
팜나무 열매에서 팜유가 나와요.
팜유는 다른 기름보다 같은 면적대비 많은 기름을 얻을 수 있어요.
그래서 사람들은 기존 숲을 없애고 팜나무를 심고 있어요.

숲 (이주미 글, 그림, 현북스)
4 학년 1 반 43 번 이름 ( )
1. 그림책을 읽고, 고릴라가 사는 숲이 사라지는 이유에 대해 적어봅시다.
인간욕심 때문에
2. 위의 이유 외에도 숲을 사라지게 만드는 것을 모두 찾아 색칠해 보세요.
과자
샴푸
산불
초콜릿
립스틱
나무
산소
치약
물
바람
아이스크림
나무젓가락
휴대전화
종이
화장품
동물의 배설물
햄버거
꽃
휴지
돌
세계
도넛
게임기
텔레비전
라면

숲 (이주미 글, 그림, 현북스)
4학년 1 반 7 번 이름 ( )
1. 그림책을 읽고, 고릴라가 사는 숲이 사라지는 이유에 대해 적어봅시다.
축구장을 지으려고 (인간욕심)
2. 위의 이유 외에도 숲을 사라지게 만드는 것을 모두 찾아 색칠해 보세요.
과자
샴푸
산불
초콜릿
립스틱
나무
산소
치약
물
바람
아이스크림
나무젓가락
휴대전화
종이
화장품
동물의 배설물
햄버거
꽃
휴지
돌
세계
도넛
게임기
텔레비전
라면

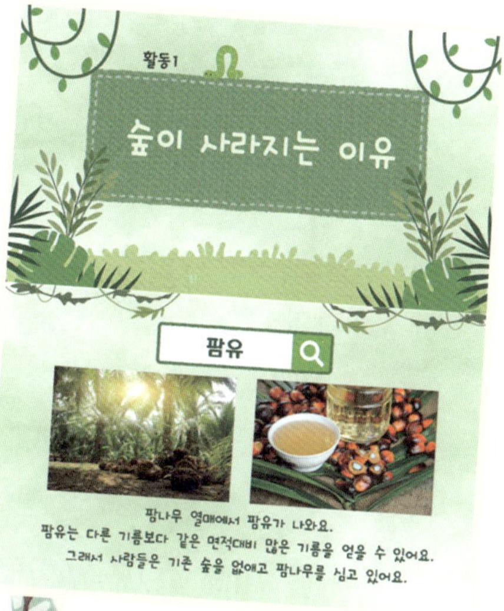

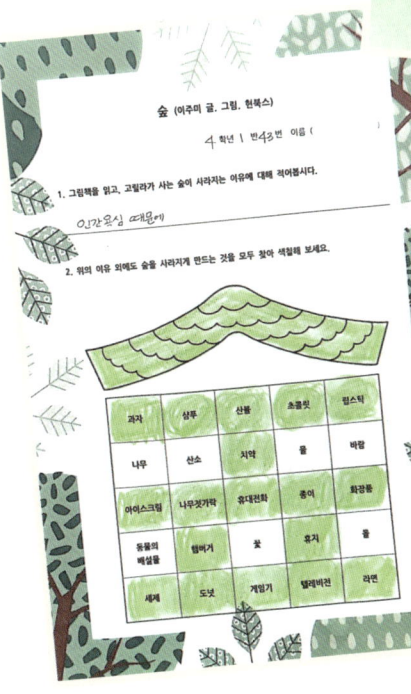

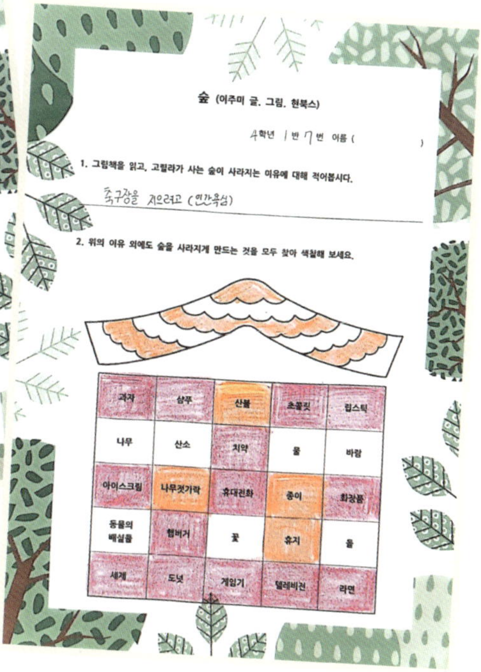

2. 숲을 살리자!

학습지

숲을 살리기 위해 할 수 있는 행동들을 모둠별로 이야기를 나누고, 학습지의 나무 안에 숲을 살리는 방법을 적어 보는 활동입니다. 한 나무에 하나의 방법만 적도록 하되, 글씨가 잘 보일 수 있도록 사인펜을 이용해 적습니다.

모둠별로 돌아가면서 숲을 살리기 위한 행동들을 하나씩 발표합니다. 예를 들어, 1모둠에서 '휴지 아껴서 사용하기'를 발표했다면, 그 내용이 쓰인 나무를 색칠합니다. 1모둠을 제외한 모둠에서도 같은 의견이 있다면 그 나무에 색을 칠합니다. 다음 2모둠에서는 색칠되지 않은 나무의 의견 중 하나를 발표합니다. 2모둠을 제외한 모둠에서도 2모둠에서 발표한 의견과 같은 의견이 적힌 나무에 색을 칠합니다. 의견이 같은 것이 없다면 색칠하지 않습니다. 이와 같은 발표 방법은 우리 모둠 의견과 다른 모둠의 의견을 꼼꼼히 비교하며 듣기 좋습니다. 또한 우리 모둠과는 다른 의견도 집중해서 듣게 됩니다.

3. 우리 반 숲

앞의 활동에서 모둠별로 완성한 학습지를 모아, 서로 연결해서 붙여줍니다. 우리 반 숲이 완성될 것입니다. 교실 한쪽에 우리 반 숲을 게시해 둡니다. 매주 숲을 살리기 위한 방법 중 한 가지를 선택해서 학급 구성원 모두 함께 실천해 보면 좋습니다. 혹은 개인별로 숲을 살리는 방법을 한 가지씩 정해 꾸준히 실천해 보도록 격려할 수도 있습니다. 수업 내용이 삶으로 연결될 수 있도록 해준다면, 학생들이 새로 알게 된 내용이 단순 지식으로만 머물지 않게 될 것입니다.

 그림책 활동 팁!

학생이 실천할 수 있는 방법을 찾도록 미리 안내해 줍니다

숲을 살리는 해결 방법을 찾아보는 '숲을 살리자!' 활동에서 학생들이 '휴지 사용하지 않기', '아이스크림 먹지 않기'와 같이 극단적인 방법을 찾지 않도록 미리 이야기해 줍니다. 평생 생활용품을 사용하지 않거나 팜유가 들어간 음식을 먹지 않기는 현실적으로 불가능한 일입니다. '휴지 사용 시 한 칸 줄여 사용하기', '아이스크림 먹는 횟수 줄이기'처럼 실제로 실천할 수 있는 방법을 찾을 수 있도록 안내해 줍니다.

함께 읽으면 좋은 그림책

『형제의 숲』 이 책은 책장마다 왼쪽의 남자와 오른쪽의 남자가 숲에서 행하는 서로 다른 행동을 비교하며 보여줍니다. 작은 자리 만들기와 넓은 터 잡기, 가진 것으로 집 짓기와 남들처럼 집 짓기, 결과에 감탄하기와 결과를 자랑하기, 물에 다가가기와 물을 끌어오기, 자연과 더불어 살기와 자연을 이용하기와 같이 두 남자의 행동은 참 많이 다릅니다. 책은 각 남자의 행동이 쌓이고 쌓여서 숲에 어떠한 영향을 주는지 보여줍니다.

_ 유키코 노리다케(Yukiko Noritake) 글·그림. 이경혜 옮김. 봄볕

3/22

세계 물의 날
World Water Day

'물이 내게 어떤 의미일까?' 아이들과 물에 관해 이야기 나누기 전에 물이 내 생활 속에서 어떻게 존재하는지 생각해 보았습니다. 물속에서 자유롭게 수영하기도 하고. 하늘과 숲을 품은 호숫가에서 산책하기도 하고. 무지개를 만들어내는 분수를 구경하기도 하고. 운동장을 가득 채운 하얀 눈 위에 누워 아이들과 하늘을 바라보기도 합니다. 물은 우리 안과 밖, 어디에나 수많은 모습으로 존재하고 있습니다. 하지만 어떤 모습의 물이든 위협받고 있는 게 현실입니다.

'세계 물의 날'은 인구 증가와 산업화 등으로 수질이 오염되고 전 세계적으로 먹는 물이 부족해지자, 유엔UN이 이에 대한 경각심을 일깨우고 국가 간 협력 증진의 중요성을 알리고자 1992년 47차 UN총회에서 지정하여 선포한 날입니다. 우리나라는 1995년 3월 22일부터 세계 물의 날 기념식을 개최하고 각 지자체, 관련 단체, 업체들도 도심과 하천 정화 작업 및 캠페인 등의 행사를 진행하고 있습니다.

{ 안녕, 물!

앙트아네트 포티스(Antoinette Portis) 글·그림. 행복한 그림책
추천 대상: 1~6학년
}

『안녕, 물!』은 주인공 조이가 물장난을 치며 놀다가 우리 주변의 물이 다채로운 모습과 느낌으로 존재하는 것을 발견해 나가는 이야기입니다. 시적인 글과 재치 있는 그림을 보며 살아있는 모든 것에 스며있는 물의 소중함을 느낄 수 있습니다.

지구온난화로 지구상의 여러 곳에서 물이 부족해지는데 하늘에서 내리는 비나 눈의 양보다 더 많이, 더 빨리 물을 사용해 버리는 곳이 많습니다. 대한민국도 물 스트레스 국가로 분류되어 있음에도 불구하고 1인당 물 사용량은 280L로 유럽 국가들의 2배 수준이라고 합니다. 사실 우리나라는 수자원 기반이 잘 되어 있어 그 소중함을 체감하기는 쉽지 않습니다. 그래서 어디에나 있는 물이 아닌, 나에게 어떤 의미인지 친구들과 이야기하고, 자신의 언어로 표현하며, 작은 실천이라도 꾸준히 하는 계기가 되길 기대합니다.

그림책 활동

1. 물은 어디에?

학습지

그림책을 읽기 전 세계 물의 날의 의미를 소개하고, 우리 주변의 물은 어떤 모습을 가졌는지, 물의 다른 이름이나 물이 있는 장소를 찾아 모둠별로 적어보게 합니다. 만약 학생들이 여러 가지 예를 떠올리기 어려워하면, 교사가 학년 수준에 맞는 예를 2~3가지 들어줍니다. 저학년이라 모둠 활동이 어렵다면, "운동장에 눈이 많이 내렸을 때 선생  님은 눈싸움을 했는데 너희들은 그때 뭐했니?" 교사의 경험을 아이들의 경험과 연계지어 반 전체가 다 함께 칠판에 경험을 적으며 물 주제로 브레인스토밍할 수 있습니다. 이 활동을 통해 학생들은 물이 우리 주변 곳곳에 있다는 것을 새삼 일깨우고 물에 대한 각자 다른 경험을 공유합니다. 활동 후 교사가 책을 읽어 나가면서 같은 내용이 나오면 동그라미를 치며 몇 개나 공통되는 내용이 있는 찾아보도록 하면 더 재미있습니다.

2. 물을 사랑하는 꼬마 시인

그림책을 읽고 '물'을 주제로 시를 쓰고 간단한 그림으로 꾸밉니다. 우리가 흔하게 접할 수 있는 물이지만, 시적 표현을 쓰면서 물은 가까우면서도 특별한 느낌으로 학생들에게 다가갈 수 있으며, 그만큼 물에 대한 소중함을 일깨울 수 있습니다. 책 내용과 연계할 수 있도록 앞부분 내용을 제시하고 뒷부분을 꾸미게 할 수도 있고 처음부터 창작하게 할 수도 있습니다. 시를 다 쓴 다음에는 모둠끼리 돌려 읽거나 반 전체가 돌려 읽으며 물에 관한 생각을 확장합니다.

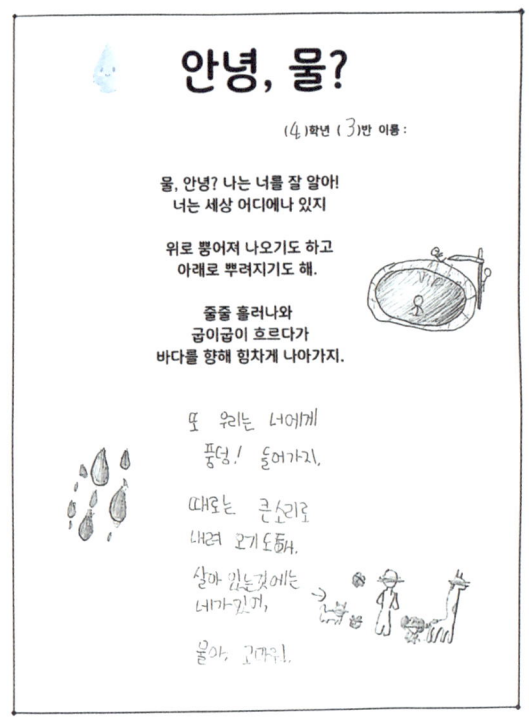

3. 물 발자국 Water footprint 을 줄여요

물 발자국은 단위 제품 및 단위 서비스 생산 전 과정 동안 직. 간접적으로 사용되는 물의 총량을 정량화한 지표(출처: 위키백과)입니다. 학생들과 물 발자국이 무엇인지, 어떻게 줄일 수 있을지 이야기 나눈 뒤, 각자 일주일간 실천할 방법을 정하고 모둠끼리 이야기하게 합니다. 중학년 이상이라면 학생들이 참고할 만한 기사나 동영상, 카드뉴스 등을 스스로 찾아볼 수 있도록 인터넷 검색 시간을 주는 것이 효과적입니다. 요즘 환경 이슈가 커서 여러 단체에서 잘 만들어 놓은 자료들이 많은데, 그중 하나를 선택하거나 서로 공유하면 실천 의지가 더 자랍니다. 스스로 선택한 활동만큼 효과적인 실천 방법은 없습니다.

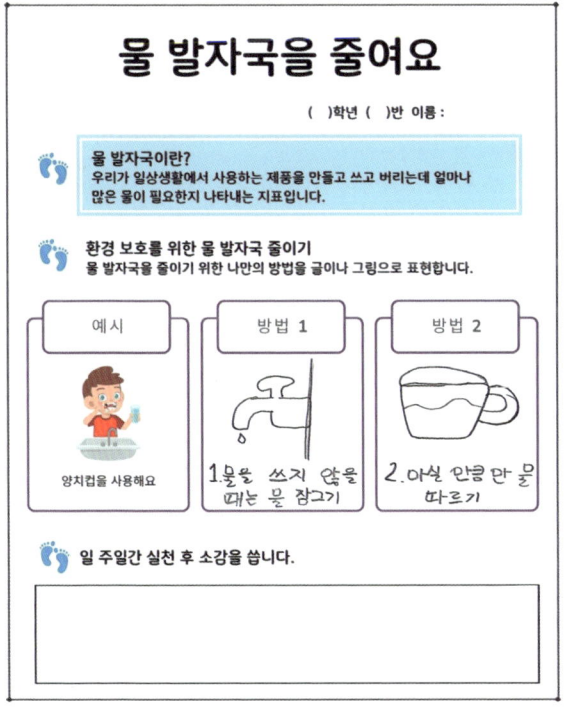

그림책 활동 팁!

모둠이 같이 시를 써도 좋습니다

시간이 부족하거나 시를 쓰는 데 부담을 느끼는 학생들이 있으면 모둠별로 같이 쓸 수도 있습니다. 『안녕, 물!』 그림책 내용처럼 흰 종이에 한 장면씩만 맡아서 글과 그림으로 표현하고 연결하면 한 권의 책이 됩니다.

'세계 물의 날' 주제에 관해 이야기해도 좋습니다

유엔(UN)에서는 매해 물의 날 주제를 정합니다. 4학년 이상이라면 이 주제가 어떤 의미인지 이야기를 나누면 좀 더 깊이 있는 주제 탐구가 될 수 있습니다. 2024년 주제는 '평화를 위한 물 활용'입니다. 지구의 약 70%가 물로 이루어져 있지만 그중에서 사람이 사용할 수 있는 담수는 3% 정도 있고 그중 식수로 사용 가능한 물은 0.4%라고 합니다. 그 물로 지구상의 모든 사람이 충분하게 사용하고 있지 않고 세계 인구의 상당 부분이 물 부족 및 오염문제에 시달리고 있습니다. 학생들이 국가 간 협력의 필요성을 고민할 필요는 없지만, 물의 중요성을 다시 한번 상기하고 소중하게 생각하려는 마음을 다지는 계기가 될 것으로 기대합니다.

함께 읽으면 좋은 그림책

『워터 프로텍터』는 뱀으로 비유된 송유관이 파괴하려는 물을 지키려고 나선 인디언 소녀의 이야기를 그린 그림책입니다. 물을 비롯한 모든 생명체를 소중하게 여기자는 메시지가 아름다운 색채의 그림으로 펼쳐지는 점이 인상적입니다.

_ 캐롤 린드스트롬(Lindstrom Carole) 글. 미카엘라 고드(Goade Michaela) 그림.
  대교 북스주니어

3/23

세계 기상의 날
World Meteorological Day

'브라질에 있는 나비의 날갯짓이 미국 텍사스에 토네이도를 발생시킬 수도 있는가?' 다소 엉뚱한 말 같지만, 미국의 기상학자 에드워드 노턴 로렌츠의 '나비효과' 이론은 실제로 여러 분야에서 일어나고 있습니다.

한 나라에서 발생한 조그만 변화와 무관심들은 다른 나라에서 다급한 위기로 닥쳐오기도 합니다. 지금 우리나라에서는 단지 '날씨가 너무 더워.' 정도의 작은 변화일 수 있지만, 어떤 나라에서는 그 나라의 존폐위기까지 갈 수 있는 절박한 상황이 되기도 합니다.

'세계 기상의 날 World Meteorological Day'은 전 지구적으로 순환하는 대기오염을 막기 위해 '세계'가 함께 한다는 의미를 담고 있습니다. 이상기후, 지구온난화, 대형산불, 폭염, 폭설 등의 피해가 전 세계적으로 연결되어 발생하고 있는 만큼, 기후 위기 상황에 대해 학생들의 수준에서 인식할 수 있도록 지도합니다.

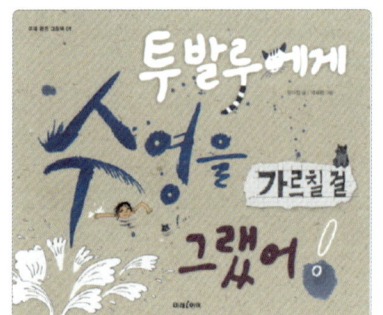

{ 투발루에게
   수영을 가르칠 걸 그랬어!

유다정 글. 박재현 그림. 미래아이
추천 대상: 3~4학년 }

    지구온난화와 이상기후에 대해 우리는 얼마나 알고 있을까요? 많이 들어본 단어이기는 하지만 그 심각성에 대해서 아이들에게 실감이 나게 설명하기는 쉽지 않습니다.『투발루에게 수영을 가르칠 걸 그랬어!』는 지구온난화로 인해 삶의 터전을 잃고, 사랑하는 친구와도 헤어져야 하는 로자의 이야기를 담고 있습니다. 그림책을 통해 학생들은 기후 위기로 어려움을 겪는 곳에 대해 관심을 두고 공감할 수 있게 될 것입니다. 더 나아가 지금 우리의 작은 행동이 다른 사람에게 피해를 줄 수 있음을 고민해 볼 수 있을 것입니다.

1. 책 표지 살펴보고 투발루에 대해 알아보기

　학생들에게 그림책의 주제가 환경 보호에 관한 것임을 알려주고, 책 표지의 일부분을 가린 후, 『투발루에게 　　　　　을 가르칠 걸 그랬어!』에 들어갈 말을 생각해 보게 합니다. 가려진 글자에 대해 생각해 본 후, 투발루를 알고 있는 사람이 있는지 물어봅니다. 왜 '수영'을 가르칠지 궁금해하도록 합니다. 첫 페이지에 나온 투발루에 대한 간단한 소개 글을 함께 읽어주고, PPT를 보며 그림책에 나온 기후 위기 내용을 퀴즈로 풀어봅니다. 지구온난화로 인해 나라 전체가 점점 물에 잠겨가고 있는 투발루에 대해 소개하고 기후 위기의 심각성에 대해 생각해 보게 합니다.

　투발루 공화국은 남태평양 적도 부근에 있는 나라로 해발고도가 2m밖에 안 되고, 매년 0.5cm씩 물이 차오르고 있어, 점점 나라가 바닷물에 잠겨가고 있습니다. 2100년에는 국토의 95%가 바다에 잠길 것으로 예상됩니다. 내가 만약 투발루에 살고 있는 로자라면 어떤 생각과 감정이 들지 학습지에 적고 생각을 나누어 봅니다.

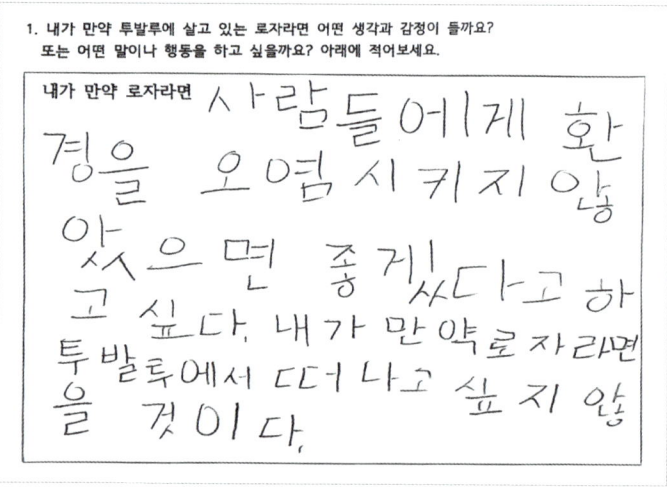

2. 짝과 함께 투발루에 대해 알아보기

학습지 2번에 제시된 퀴즈를 짝과 함께 풀면서 빈칸을 채워봅니다. 인터넷 검색으로 투발루에 대해 알아볼 때는 검색어를 '투발루'로만 하면 환경오염과 관련된 내용이 검색되지 않으므로, '투발루 호주 난민', '투발루와 호주' 등으로 검색어를 좀 더 자세하게 넣도록 안내합니다.

3. 뒷이야기 상상하기

투발루를 두고 떠나는 로자의 마음은 어땠을까요? 섬에 남겨진 할아버지와 투발루는 그 후에 어떻게 되었을까요? 2060년 이후에 투발루에 살고 있는 사람들은 어떻게 지내고 있을까요? 몇 가지 질문을 제시해 준 후, 뒷이야기 상상하여 글쓰기나 뒷이야기 4컷 만화로 그리기 활동을 진행합니다.

뒷이야기 상상하기를 통해 학생들은 지구온난화로 고통받고 있는 사람들의 삶에 조금 더 공감할 수 있게 됩니다. 글이나 만화를 그릴 때는 흥미 위주나 엉뚱한 내용으로 하는 것이 아니라, 자신이 전하고 싶은 메시지를 담아 표현해 보도록 지도합니다.

① 투발루가 로자를 바닷가 앞에서 기다리고있다
② 그러다 결심을 하고 바다에 뛰어들어 로자를 찾기 시작했다.
③ 점점 지쳐갈 때쯤 한 섬이 보여 달려갔다.
④ 달리다가 로자를 만나서 행복하게 살았다.

 그림책 활동 팁!

투발루 외교부 장관의 기후 연설 영상을 보여줘도 좋습니다

2021년에 투발루의 외교부 장관 '사이먼 코페'가 멋진 양복을 입고, 다리는 반쯤 물에 잠긴 채, 해수면 상승이라는 기후 위기를 주제로 연설을 한 적이 있습니다. 한때 투발루의 영토였던 곳이 점점 물이 차서 바다가 된 것입니다. 이 영상을 보여주면서 학생들에게 바닷물이 차서 점점 국토가 줄어가는 투발루의 안타까운 상황을 설명해 줄 수 있습니다. 검색을 통해 여러 개의 영상을 찾을 수 있으므로, 학급 상황에 맞는 영상을 틀어주면 좋을 것 같습니다.

짝과 함께 자유롭게 투발루에 대해 알아봅시다

'짝과 함께 투발루에 대해 알아보기'는 융통성 있게 짝을 정해주면 좋습니다. 검색을 어려워하는 친구들이 학급에 많다면 3명이 짝을 이루어 활동해도 좋습니다. 상세 검색어로는 '호주 투발루 난민', '투발루 위치' 등을 안내해주면 좀 더 쉽게 찾을 수 있습니다. 학습지 2번의 정답은 큐알코드로 연결된 폴더 안에서 확인할 수 있습니다.

함께 읽으면 좋은 그림책

『**도시에 물이 차올라요**』의 동물들이 살고 있는 도시에 어느 날 물이 차오릅니다. 비가 그치지 않고 계속 내리자 몸집이 작은 동물들은 물이 차오르는 상황에 심각성을 느끼며 몸집이 큰 동물들에게 위험 신호들을 보냅니다. 하지만 키가 큰 동물들은 몸집이 작은 동물들의 외침에 무관심합니다. 문제를 해결해 나가는 과정 속의 동물들을 보면서, 기후 위기에 대처하는 우리의 태도에 대해서 한 번쯤 생각해 보게 하는 그림책입니다.
_ 마리아호 일러스트라호(Mariajo Ilustrajo) 글·그림. 김지은 옮김. 위즈덤하우스

『**눈보라**』에서 북극이 매년 따뜻해져 빙하가 충분히 얼지 않자, 북극곰 눈보라는 사냥을 가지 못하고, 굶주림에 마을로 내려갑니다. 마을 사람들은 위험한 북극곰이 마을에 내려왔다며 눈보라를 쫓아냅니다. 먹을 것이 없어 살기 어려워진 눈보라는 어떻게 살아가야 할까요? 눈보라의 이야기를 읽으며, 기후변화와 동물보호에 대해 생각해 볼 수 있습니다.
_ 강경수 글·그림. 창비

종이 안 쓰는 날
No Paper Day

    학교 교실의 종이 재활용 상자를 정리할 때마다 깜짝 놀라곤 합니다. 특히 미술 활동을 진행한 날엔, 무심코 버린 종이들로 큰 상자가 하루 만에 가득 차기도 합니다. 학생들과 만들기 활동을 하는 것은 꼭 필요한 과정이지만, 종이를 낭비하지 않고서는 불가능한 것인지 고민스럽기도 합니다. 아무리 우리가 나무를 심고 숲을 가꾼다고 하더라도, 일상생활에서 이토록 쉽게 종이를 써 버린다면 아무 소용이 없을 것입니다.

    녹색연합은 4월 4일을 종이 안 쓰는 날로 제안했고, 매년 더 많은 사람들이 이 날을 기념하며 환경 보호를 실천하고 있습니다. 이날은 4월 5일 식목일의 하루 전날이기도 합니다. April 4, A4, Free day! 식목일에 심는 나무는 아직 어린 묘목이지만, 종이를 쓰지 않고 절약함으로써 30년 이상 자란 나무를 살릴 수 있습니다. 많은 사람이 4월 4일 하루라도 종이 안 쓰기에 참여하고, 평소에도 종이를 아껴 쓰는 생활을 할 수 있기를 바랍니다.

{ 작은 종이 봉지의
  아주 특별한 이야기

헨리 콜(Henry Cole) 글·그림. 비룡소
추천 대상: 1~4학년 }

『작은 종이 봉지의 아주 특별한 이야기』는 한 가족이 여러 세대에 걸쳐 작은 종이 봉지 하나를 재사용한 이야기를 담고 있습니다. 이 이야기는 작가 헨리 콜의 학생 시절 실제 경험담이라고 합니다. 그는 종이 봉지 하나를 오랫동안 사용하고 이를 후배에게도 물려주었다고 합니다. 그림책을 통해 작은 종이 상자를 얼마나 다양하게 사용할 수 있는지 알 수 있습니다.

우리는 종이를 아껴 써야 하고, 더 나아가 숲을 지켜야 한다고 말합니다. 하지만 실제 생활에서 이러한 가치를 실천하기는 쉽지 않습니다. 그림책을 읽고 다양한 활동을 진행하면서 '종이 안 쓰는 날'의 의미를 되새기고, 무심코 한 번 쓰고 버려지는 것들에 대해 깊이 생각해보는 계기를 마련하고자 합니다.

 그림책 활동

1. '종이가 있으면' 기억력 놀이하기

그림책을 읽고 나서 알게 된 종이 봉지의 다양한 쓰임을 기억해봅니다. '시장에 가면' 놀이를 응용하여, '종이가 있으면' 노래를 부르며 기억력 놀이를 시작합니다. 모든 학생이 '종이가 있으면'을 외치고, 각 학생이 자기 순서에 '~ 할 수 있고'라고 대답합니다. 놀이를 통해 그림책의 내용을 잘 기억하고 있는지 확인할 수 있습니다.

모둠을 나누어 각 모둠이 몇 번째 학생까지 성공하는지 대결 놀이를 진행할 수도 있습니다. 또는 공 전달하기 놀이를 활용하여, 공을 받은 학생이 종이 봉지의 쓰임을 말하는 방식으로 활동을 변형할 수도 있습니다.

2. '종이' 2행시 만들기

활동을 진행하기에 앞서 '종이 안 쓰는 날'에 대해 알아봅니다. 종이를 아껴 써야 하는 까닭, 종이를 아껴 쓰는 방법에 대해 조사하고 의견을 나눕니다.

이를 바탕으로 '종이'로 2행시를 만들어봅니다. '종이 안 쓰는 날'과 관련한 정보를 넣거나, 종이를 아껴 쓰고자 하는 마음을 담아 '종이'로 2행시를 완성하는 것입니다. 학년에 따라 표어 만들기, 포스터 만들기 등으로 난이도를 조절하여 활동을 선택할 수 있습니다.

완성한 2행시는 학교 복도에 게시하여, 많은 사람이 보고 '종이 안 쓰는 날'의 의미를 알고 실천할 수 있도록 합니다.

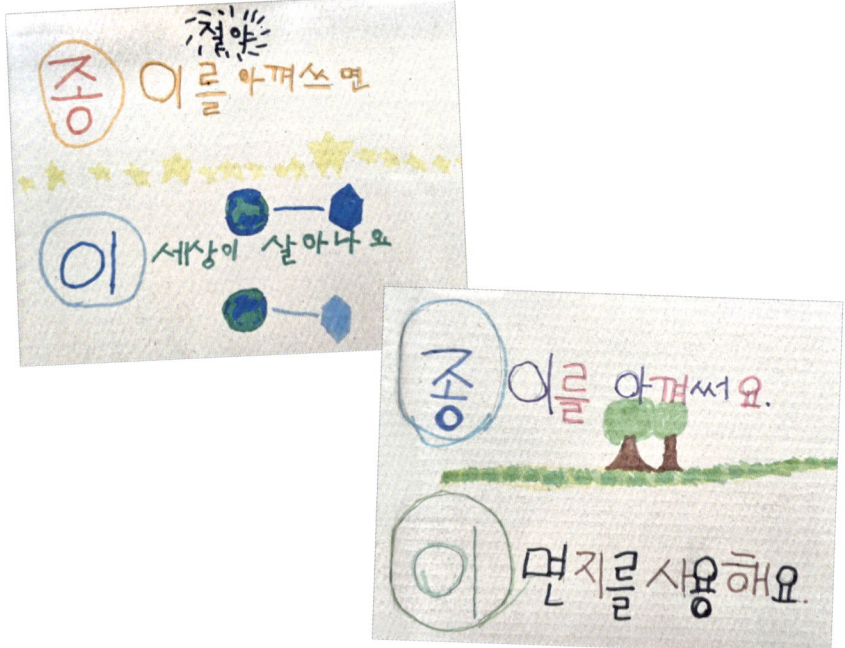

3. 종이 봉지 챌린지

그림책의 작가 헨리 콜은 실제로 학교 식당에서 받은 종이 봉지를 3년 동안 사용했다고 합니다. 약 700번에 걸쳐 도시락을 담아서 다녔고, 이후에는 부드러워진 종이 봉지를 한 살 어린 친구에게 전해주었다고 합니다.

'종이 안 쓰는 날'을 맞이하여, '종이 봉지 챌린지'를 열어봅니다. 튼튼한 종이 봉지 하나를 학급의 모든 학생이 돌아가며 사용하는 것입니다. 학생들의 사용 순서와 사용 기간을 미리 정한 후, 종이 봉지를 찢거나 버리지 않고 최대한 오래 사용해봅니다. 각 학생이 며칠 동안 종이 봉지를 사용할지는 각 학급의 상황에 맞게 적용할 수 있습니다. 모든 학생이 '종이 봉지 챌린지'에 참여하면서, 종이 봉지를 언제 어떻게 사용했는지를 학급 게시판에 기록하고 공유합니다. 지구의 환경을 지켜내는 일이 작은 실천에서 시작한다는 것을 몸소 배울 수 있을 것입니다.

 그림책 활동 팁!

2행시를 만들어 게시할 때, 이면지나 상자를 사용합니다

활동하면서 새 종이를 낭비하지 않는 것이 중요합니다. 그래서 이면지나 두꺼운 상자를 만들기 재료로 재사용하면 좋습니다. 종이에 그림을 그리거나 글씨를 써도, 재활용이 가능하다는 점을 아이들에게 알려줍니다. 새로운 종이를 쓰는 것보다 태블릿, 화이트보드 등 재사용이 가능한 도구를 사용하도록 합니다.

종이 봉지 챌린지를 할 때, 에코백을 사용해도 좋습니다

챌린지를 하면서 종이를 더 낭비한다면, '종이 안 쓰는 날'의 취지에 어긋날 수 있습니다. 학생들이 가정에서 보관했던 에코백이나 종이 봉지를 학교로 가져와 사용하는 것이 가장 좋습니다. 종이 절약을 직접 실천해 본다는 것이 가장 중요합니다

함께 읽으면 좋은 그림책

『안녕? 종이 상자야』는 종이 상자의 재사용과 재활용을 담은 그림책입니다. 최근 택배 이용이 급증하면서, 종이 상자를 비롯하여 엄청난 양의 포장 폐기물이 발생하고 있습니다. 종이 상자가 다양한 사람들과 만나며 여러 가지 방법으로 이용되는 과정을 통해, 우리도 생활 속에서 실천할 수 있는 종이 절약 방법을 생각해 볼 수 있습니다.

_ 수잰 퍼시(Suzanne Fossey) 글. 기젤라 보헤르케즈(Gisela Bohorquez) 그림. 키즈엠

『상자 세상』은 사람의 욕심에 의해 만들어지고 사용되고 버려지는 상자의 이야기가 담긴 그림책입니다. 상자가 사람처럼 생각하고 감정을 느끼면서, 다시 나무가 되기 위해 스스로 뭉칩니다. 산더미처럼 쌓인 상자를 보며 우리가 바꿔야 할 태도에 대해 생각해볼 수 있습니다.

_ 윤여림 글. 이명하 그림. 천개의바람

4/5

식목일
Arbor Day

어린 시절 식목일에 대한 기억을 더듬어보면 학교에서 나무를 심고 이름표도 달아주었던 기억이 납니다. 매일 물을 줘가며 조금씩 성장하는 모습을 보면 마치 자신이 성장하는 것처럼 뿌듯함을 느꼈습니다. 지금은 식목일 이외에 정말 많은 환경에 관한 많은 날이 생겼습니다. 그만큼 시간이 흐를수록 환경의 중요성이 더욱 강조됨을 알 수 있습니다. 1949년에 처음 우리나라에서 제정된 식목일은 매년 4월 5일에 기념하고 있으며 환경 보호와 산림 자원의 중요성을 강조하고 있습니다. 이날은 정부 주도로 나무 심기 행사가 열리며, 많은 사람이 참여해 나무를 심고 가꾸는 활동을 합니다.

식목일은 단지 나무를 심는 날을 넘어, 우리가 사는 지구를 위해 무엇을 할 수 있을지 고민하게 만드는 날입니다. 이날을 맞아 잠시 바쁜 일상을 뒤로하고, 주변의 자연을 돌아보며 나무 한 그루를 심거나 화분 하나를 가꾸는 작은 시작을 해보는 건 어떨까요? 우리가 심는 작은 나무가 자라서 커다란 숲을 이루고, 미래 세대에게 푸른 환경을 전할 수 있는 밑거름이 될 것입니다.

{ 나무는 좋다

재니스 메이 우드리(Janice May Udry)글. 마르크 시몽(Marc Simont) 그림. 시공주니어
추천 대상: 1~2학년
}

『나무는 좋다』는 나무가 우리 생활에 미치는 가치와 소중함을 감동적으로 표현한 책입니다. 이 작품은 인간과 나무의 공존을 서정적으로 풀어내어, 우리가 흔히 알던 나무의 유익함을 넘어 "나무는 우리에게 아름다움을 줘요."와 같은 표현을 통해 나무가 주는 정서적 측면을 깊이 생각해 볼 기회를 제공합니다.

이 책을 통해 학생들은 나무의 소중함을 깨닫고, 환경을 보호하려는 마음을 기를 수 있을 것입니다. 나무에 대한 이해와 사랑을 함양하며, 자연과의 조화로운 관계를 형성하는 데 큰 도움이 될 것입니다.

그림책 활동

1. 나무가 좋은 이유

 그림책을 읽기 전 학생들과 나무가 좋은 이유에 대해 같이 생각해 본 후 발표해 봅니다. 학생들이 발표한 내용을 PPT에 정리해서 학생들이 어떤 내용을 발표했는지 볼 수 있도록 합니다. 그리고 함께 『나무는 좋다』 그림책을 함께 읽어봅니다. 그림책을 다 읽은 후 PPT에 쓰여 있지 않지만, 그림책을 읽은 후 새롭게 알게 된 나무가 좋은 이유를 찾아보게 합니다. 학생들이 새롭게 찾은 내용도 PPT에 추가적으로 작성해서 보여줍니다. 이 활동을 통해 학생들은 자신들이 알고 있는 것보다 나무가 우리에게 주는 이로움을 알게 되었으며 나무의 다양한 가치에 대해 생각해 볼 수 있는 시간을 갖게 되었습니다.

2. 음악극으로 표현하기

 그림책 속 학생들이 나무가 되어 몸으로 표현해 보는 활동을 합니다. 그림책 내용 중 학생들이 몸으로 표현했을 때 효과적인 부분들을 찾아 시나리오를 구성합니다. 우선 학생들에게 글을 읽어준 후 "'나뭇잎들은 여름 내내 산들바람에 흔들리며 속삭인다.'라는 문장을 몸으로 어떻게 표현할 수 있을까?"라고 질문하며 자신의 느낌을 다양한 몸짓으로 표현할 수 있도록 돕습니다. 학생들은 서로의 다양한 몸짓을 보며 같은 글을 다양하게 표현될 수 있다는 것을 알게 됩니다. 저학년 학생에게는 너무 많은 문장보다는 5~6 문장 정도로 극을 간단하게 구성하는 것이 학생들의 집중도를 높일 수 있습니다. 모두 연습이 끝난 후에는 책상을 무대 형태로 만든 후 발표할 학생들은 교실 앞으로 나옵니다.

  학생들이 음악극에 몰입시키기 위해 각 장면에 맞는 음악을 선정하여 틀어주는 것이 좋습니다. 음악과 함께 교사가 해당 장면의 문장을 읽어주면 발표하는 학생들은 자신이 준비한 몸짓으로 장면을 표현합니다. 음악극이 모두 끝난 후 학생과 함께 좋았던 점, 아쉬웠던 점, 또 해 보고 싶은 것에 관해 이야기를 나누어봅니다.

3. 온라인 텃밭 만들기

  식목일의 의미를 되새기는 활동으로 온라인 텃밭을 만들어볼 수 있습니다. 학생들이 나무를 심는 활동 대신 직접 씨앗을 심고 가꾸는 과정을 온라인으로 공유해 봅니다. 학교에서는 씨앗의 생김새 및 심는 과정, 씨앗을 키울 때 주의 사항 등에 대해 함께 배웁니다. 씨앗을 심은 화분은 가정으로 가져가서 성장 과정을 패들렛에 1주일에 한 번씩 사진 또는 영상을 찍어 업로드합니다.

  가정에서 업로드한 사진과 영상들을 학교에서 함께 이야기를 나눔으로써 지속해서 씨앗의 성장 과정에 학생들이 관심을 갖게 할 수 있습니다. 씨앗의 성장 과정에서 느낄 수 있듯이 나무를 심고 가꾸는데도 큰 노력이 필요함을 배울 수 있습니다.

 그림책 활동 팁!

다양한 씨앗으로 온라인 텃밭을 만들 수 있습니다

씨앗을 직접 심어보고 성장 과정을 살펴볼 수 있는 온라인 텃밭 활동을 하는 데 있어서 한 가지 씨앗을 사용해 볼 수도 있지만 다양한 종류의 씨앗으로 해 볼 수 있습니다. 여러 가지 씨앗으로 온라인 텃밭을 만들면 다양한 식물의 성장과정을 살펴볼 수 있는 장점이 있습니다.

함께 읽으면 좋은 그림책

『알리나가 나무를 심었대』는 작은 실천이 큰 변화를 가져올 수 있다는 것을 배울 수 있는 그림책입니다. 알리나가 심은 작은 나무 한 그루가 가져오는 다양한 변화는 식목일에 나무를 심는 것이 얼마나 가치 있는 것임을 알 수 있습니다.

_ 로드리고 마티올리(Rodrigo Mathiola) 글·그림. 풀빛미디어

『나무처럼』은 오래된 5층 아파트에 이사 온 은행나무의 성장 과정을 통해 시간의 흐름을 보여줍니다. 처음에는 1층 높이였던 나무가 점차 자라면서 나무가 보고 듣고 느낀 다양한 이야기를 담담하게 풀어내고 있습니다.

_ 이현주 글·그림. 책고래

세계 보건의 날
World Health Day

2019년 12월 중국 우한에서 시작된 코로나19 바이러스는 순식간에 전 세계로 퍼져나갔습니다. 많은 이들이 바이러스에 감염되었고, 이를 막기 위해 손 씻기와 마스크 쓰기 등의 개인위생 관리와 사회적 거리 두기를 할 수밖에 없었습니다. 21세기 들어 사스, 메르스, 에볼라, 코로나19에 이르기까지 감염병이 지구 전체를 휩쓸고 지나갔습니다. 그 과정에서 사회적 약자에게 불리한 양극화가 심해지는 모습도 보았습니다. 모두 공정하고 건강하게 살 권리가 있는 보건 부분에서도 피할 수가 없습니다. 세계 보건의 날은 1948년 세계보건총회 World Health Assembly에서 제안되었고 1950년 이래로 매년 4월 7일에 기념됩니다. 세계 보건 기구 WHO는 매년 최우선으로 중요한 보건 문제를 강조하기 위해서 주제를 선정합니다. 최근의 주제는 '나의 건강은 나의 권리 My Health, My Right'입니다. 건강 불평등을 해소하고 모든 사람이 평등하게 양질의 의료 서비스를 이용하며 자기 건강을 지켜나갈 수 있기를 바라는 마음이 담긴 주제로 보입니다.

{ 감기벌레는 집 짓기를 좋아해

미우 글·그림. 노란돼지
추천 대상: 1~2학년 }

『감기벌레는 집 짓기를 좋아해』는 감기벌레가 몸속에 집을 짓고 살기 시작하면 아프게 된다는 귀여운 상상에서 이야기가 시작됩니다. 우리 몸속 구석구석을 살피며 집을 지으려는 감기벌레는 손 씻고, 양치하고, 골고루 밥 먹고, 그리고 약을 먹고 잠까지 푹 자는 민호에게 좋은 벌레들이 많아지면서 도망 다니기 바쁩니다. 이처럼 감기벌레들에 맞서는 위생습관의 중요성을 쉽고도 구체적으로 알려줍니다.

그림책 수업을 통하여 나의 몸의 위생 상태를 생각해 보고, 감기벌레를 이기기 위한 책을 만듭니다. 그리고 우리에게 흔하게 찾아오는 감기를 이겨내기 위한 손 씻기 6단계를 손 씻기 뷰박스(손 세정 검안기) 체험을 통해 강조하고자 합니다.

그림책 활동

1. 감기벌레처럼 집 짓기

그림책을 읽고, 나의 몸에서 감기벌레가 집 짓기에 좋은 곳이 어디일지 생각하여 학습지의 몸 그림의 해당 부분에 집을 그려봅니다. 이렇게 집 짓기를 하며 나의 위생 상태에 대해 생각해 볼 수 있는 계기가 됩니다. 이때 학습지를 모두 통일해서 줘도 되지만 제공되는 학습지 중 학생별로 원하는 학습지를 줘도 좋습니다. 감기벌레가 집 짓기 할 곳이 나의 몸에는 없다고 생각하는 학생들은 몸을 지켜주는 좋은 벌레인 하얀색 벌레를 그리도록 합니다. 그리고 칠판에 남학생과 여학생을 그린 후 전체 활동으로 반 학생들이 직접 집 짓기를 합니다.

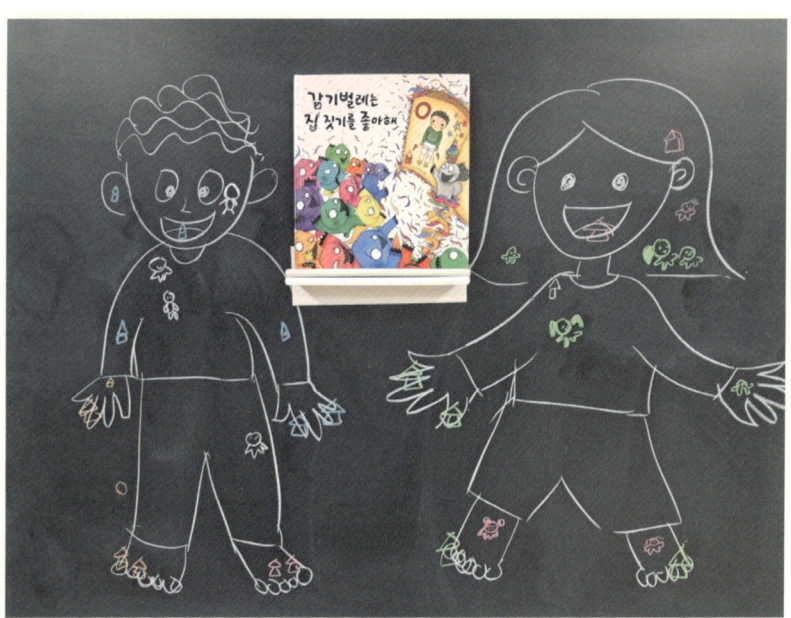

2. 감기벌레의 규칙 책 만들기

그림책의 내용을 떠올려 감기벌레들의 집을 지을 때 꼭 지켜야 할 규칙을 확인하며 책을 만듭니다. 표지와 속지의 낱말 채우기를 하며 감기를 이기기 위한 규칙을 익힙니다. 감기벌레들의 집을 지을 때 꼭 지켜야 할 규칙은 손 잘 씻고 양치질 잘하고 밥 잘 먹고 약 잘 먹고 잠 잘 자는 어린이에게는 절대로 절대로 집을 짓지 말라는 것입니다. 이것을 잘하는 것이 감기를 이기기 위한 규칙이 됩니다. 그리고 접는 방법에 따라(안으로 접기와 바깥으로 접기) 접으면 책이 완성됩니다.

3. 손 씻기 뷰박스 체험하기

손 씻기는 병원체의 전차 위험을 감소시키고, 감염병을 예방하는 효과가 탁월하기 때문에 미국 질병예방통제센터에서는 손 씻기를 '자가 예방접종'에 비유하기도 합니다. 뷰박스는 손 세정 검안기로, 형광로션을 사용한 손의 세정 전, 후 상태를 자외선으로 비교하는 교육기자재입니다. 뷰박스를 통해 손의 청결 상태를 시각적으로 확인할 수 있습니다. 보건복지부와 질병관리청에서 권장하고 있는 올바른 손 씻기 6단계와 뷰박스 체험을 통해 올바른 손 씻기를 배우게 될 것입니다. 이로써 자가 건강관리 능력을 향상시키고, 나아가 집단 감염병 확산을 예방할 수 있습니다.

교사의 안내에 따라 뷰박스 체험을 합니다. 형광로션을 손에 바르고 뷰박스에 넣어 손에 묻은 형광 물질을 확인합니다. 손 씻기 6단계에 따라 올바른 손 씻기를 한 후 뷰박스에 다시 손을 넣어 손에 형광 물질이 남아있는지 확인합니다. 혹시 형광물질이 많이 남아있다면 다시 올바른 손 씻기를 하도록 합니다. 활동 후 느낀 점을 이야기 나누고 앞으로의 손 씻기 실천 다짐을 한다면 더 교육적 효과가 있을 것입니다.

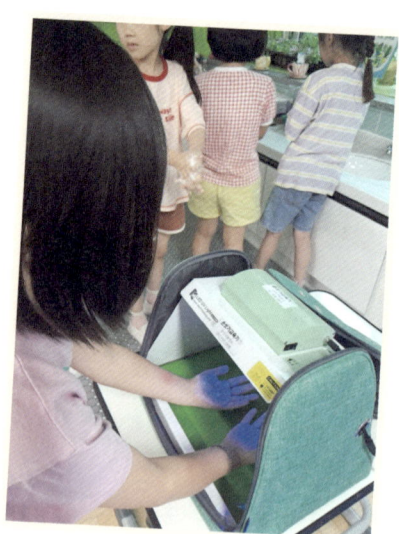

그림책 활동 팁!

손 씻기 뷰박스를 대여할 수 있습니다

학교 보건실에 손 씻기 뷰박스가 있다면 대여하지 않고 활동을 할 수 있겠지만, 많은 학교에 없는 상황입니다. 여러 지역의 관내 보건소에서는 손 씻기 뷰박스 대여 사업을 하고 있습니다. 관내 보건소 홈페이지나 전화 문의를 통해 확인하고 신청서를 제출하면 대여할 수 있습니다.

함께 읽으면 좋은 그림책

『**감기책**』 주인공 웅이가 감기에 걸립니다. 그러자 웅이 몸의 코, 손, 목, 입, 배가 웅이가 감기에 걸린 이유를 말합니다. 과연 웅이는 왜 감기에 걸렸을까요? 『감기책』은 웅이 몸의 코, 손, 목, 입, 배를 통해 감기의 증상과 원인을 알기 쉽게 전달하는 그림책입니다. 이 책을 통해 학생들은 우리 몸의 소중함을 알고, 건강을 위해서 어떻게 생활해야 하는지를 느낄 수 있습니다.

_ 천미진 글. 이지은 그림. 키즈엠

『**동물 마을 손 씻기 대회**』에서는 동물 마을에서 손 씻기 대회가 열립니다. 가장 손을 깨끗이 씻은 선수가 우승하는 대회입니다. 손 씻기 대회에 참가한 다양한 동물 선수들의 손 씻는 모습을 통해 깨끗하게 손 씻는 방법과 손 씻기의 중요성을 알려줍니다. 그리고 고양이 선수는 깨끗한 걸 좋아해서 손을 혀로 계속 핥는 모습으로 동물들이 자신의 특징에 따라 손 씻는 모습을 재미있게 표현하고 있습니다.

_ 황즈잉(Huang, Zhi Ying) 글·그림. 임미라 역. 에듀앤테크

4/22

지구의 날
Earth Day

 이제 '지구온난화'는 너무나 익숙한 단어가 되어버렸습니다. 점점 뜨거워지는 지구를 두고, '지구온난화'가 아니라, '지구가열화'라고 불러야 한다고 합니다. 지구 환경에 대한 사람들의 고민과 움직임은 언제부터 시작되었을까요? 1969년 1월 28일, 미국 캘리포니아주 샌타바버라 해협에서 원유 시추 중 그만 사고가 났습니다. 약 10만 배럴의 원유가 바다로 유출되었고 그 결과 수많은 해양 동식물이 떼죽음을 당했습니다. 이듬해 4월 22일, 미국 위스콘신주 상원의원 게이로드 넬슨과 하버드에 다니던 데니스 헤이즈가 환경문제에 관심을 불러일으키기 위해 캠페인을 열었습니다. 2천만 명이 넘는 국민이 동참했고, 이렇게 '지구의 날'이 시작되었습니다. '지구의 날'은 환경오염 문제의 심각성을 알리기 위해 마음을 모은 시민들에 의해 제정되었습니다. 그로부터 50년이 지난 지금, 지구가 겪는 위기는 더욱 심해졌습니다. 지구의 일원으로서 지구를 위해 무엇을 할 수 있는지 제대로 이해하고, 적극적으로 실천해야 합니다. 세계와 국가, 기업 그리고 도시 차원에서의 노력과 함께 '나'의 변화와 행동이 위기의 지구를 구할 수 있습니다.

{ 고작 2°C에...

김황 글. 전진경 그림. 한울림어린이
추천 대상: 4~6학년 }

『고작 2°C에...』는 지구가 아파서 열이 나는 상황을 통해 우리가 맞닥뜨린 기후 위기를 이야기합니다. 사람에게 체온상승이 위험한 신호이듯 지구의 기온상승은 모든 생명체에게 위험이자 재앙입니다. 그림책에서는 2°C가 오르면 식물, 곤충 그리고 바다거북, 판다와 같은 동물들에게 어떤 변화가 일어날 지 보여줍니다. 이를 통해 기후위기는 먼 미래의 일이 아니라, 지금 당장 일어나고 있는 현실이며 우리는 반드시 지구의 기온상승을 막아야 한다는 메시지를 전합니다. 우리는 계속되는 온실가스 배출로 인한 여러 가지 위협을 매일 직면하고 있습니다. 세계기상기구 WMO는 파리협정에서 합의한 지구 평균 온도 상승 폭인 1.5°C을 이미 넘었다고 밝혔습니다. 그리고 지구를 구하기 위해 우리에게 남은 시간은 겨우 2년이라며, 즉각적인 대응에 나서야 한다고 경고합니다. 아이들과 함께 그림책을 읽으며 현재 지구의 위기와 원인을 다각도로 살펴보고 지구를 위해 우리가 할 수 있는 다양한 방안을 생각하는 시간을 가져봅니다.

1. 위기의 지구, 누가 남을 것인가?

학습지

학생들과 그림책의 표지와 면지를 살펴보며 내용을 예상합니다. 그림책은 지구의 기온이 점점 올라가고 있는 '지구온난화' 현상을 언급하며 이야기를 시작합니다. 지구의 기온상승은 우리에게 어떤 영향을 줄 것인지 생각해 봅니다. 학습지에는 그림책에서 멸종 위기로 제시된 동물과 식물이 지구 도안 위에 적혀 있습니다. 그림책을 읽을 때 학습지에 있는 단어가 등장하면 어두운 색깔의 색연필로 단어를 색칠합니다. 단어들을 다 지우고 나서 홀로 남은 '인간'이라는 단어. 과연 다른 생태계가 다 멸종한 뒤에 우리 인간은 온전히 생존할 수 있을까요? 학생들과 함께 그림책의 내용에 집중하며 우리가 직면한 지구의 위기에 대해 이야기 나눠봅니다.

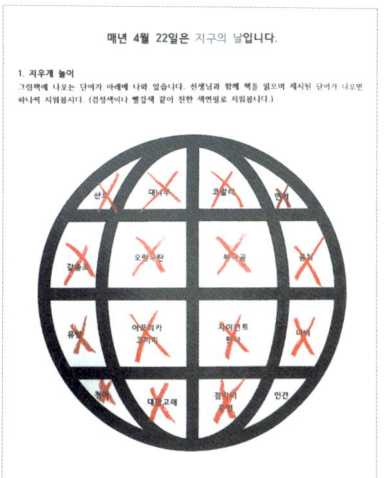

2. 만다라트 토의로 기후 위기 자세히 분석하기

만다라트 Mandal-art 는 일본의 디자이너 이마이즈미 히로아키가 개발한 발상 기법입니다. 사방팔방으로 뻗어 나가는 사고의 움직임을 본떠 만든 생각의 도구로 아이디어가 균형적이고 체계적으로 확산할 수 있도록 도와줍니다. 학생들과 함께 이 책의 주제인 '기후 위기'로 만다라트 토의를 해 봅니다. 그림책의 내용을 기반으로 기후 위기의 현상, 피해 상황, 피해장소, 원인, 예상문제, 해결방법 등을 적으며 체계적인 문제해결 방안을 모색할 수 있습니다. 우선 만다라트 학습지 중앙에 중심 주제를 적고, 주변 8개의 칸에 하위주제를 적습니다. 그리고 하위주제 8개를 주변 만다라트 중심에 적고, 관련 키워드를 적으며 각각의 하위 만다라트를 채웁니다. 학생들의 수준이나 특성에 따라 짝이나 모둠 대화로 만다라트 토의를 진행할 수 있습니다.

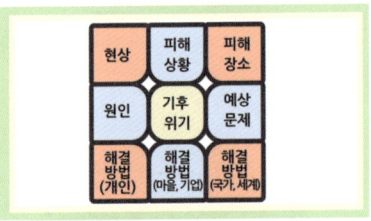

만다라트 토의하기 (주제: 기후위기)

(미세먼지) 공기 오염	물 부족	전염병	건강이 안좋아짐	죽음	코로나 → 죽음	우리나라 도시	아프리카	전세계
해수면 상승	현상	너무 더운 날씨 (폭염)	없어지는 나라가 생김	피해 상황	죽음	투발루	피해 장소	우리나라 전세계
너무 추운 날씨	이상 기후	태풍	차 고장 도로마비	사람 동물 식물 위협	죽음	미국 캐나다	전세계	섬나라
쓰레기	지구 온난화	자동차	현상	피해 상황	피해 장소	쓰레기를 버릴곳이 없어짐	점점 더 떠뜨거워짐	줄는 사람들 많아짐
화력 발전소	원인	전기 낭비	원인	기후 위기	예상 문제	없어지는 나라	예상 문제	에너지 부족
일회 용품	북극 얼음 녹아서		해결 방법 (개인)	해결 방법 (기업)	해결 방법 (국가)	멸종 동물이 더 많아짐	지구가 사람이 살수없는곳으로 바뀜	
음식을 먹을만큼 사기	분리수거 제대로 하기	물건 조금만 사기	남는 음식을 잘 사용	분리수거 센터 만들기	과대 포장 줄이기	음식물 쓰레기를 자원으로	재활용품 분리수거 교육	일회용품 금지 법
전기 아끼기	해결 방법 (개인)	일회 용품 NO!	분리배출 쉽게 만들기	해결 방법 (마을, 기업)	공기있는 상품 (마트)	태양 에너지 풍력	해결 방법 (국가, 세계)	화력 에너지 원자력에너지 × ×
대중 교통 이용	나무 심기	아나 바다 재사용	대중 교통 증가	공원 많이 만들기	알뜰 장터 열기	생태 공원	공장에서 나쁜물건 버리지않게 법 만들기	환경 교육

3. 지구를 살리는 착한 아이디어

앞의 만다라트 토의 활동에서 지구가 직면한 기후 위기 문제를 해결하는 방법을 개인, 기업, 국가 차원으로 살펴보았습니다. 그 후 학생들과 함께 생활 속에서 환경 보호를 위해 바꾸고 싶은 것을 생각해 봅니다. 예를 들어 과자나 택배 상자의 과대포장이나 일회용품 사용을 떠올릴 수 있습니다. 학생들이 자유롭게 생각을 도출할 수 있도록 격려한 후에 최대한 다양하고 많은 아이디어를 모아봅니다. 이를 바탕으로 바꾸고 싶은 대상과 내용을 구체화한 후 그것을 실현하는 방법을 그림이나 글로 표현합니다. 완성한 후에는 각자의 작품을 갤러리 워크Gallery Walk 나 모둠 발표 형식으로 함께 감상해 봅니다. 만약 기업이나 지자체에 의견을 보내고 싶다면, 직접 편지를 써서 전할 수 있습니다. 개인 차원의 노력뿐만 아니라 기업이나 지자체에 환경 보호를 위한 메시지를 전달하면서 학생들은 사회문제 해결에 직접 참여하는 귀한 경험을 할 수 있습니다.

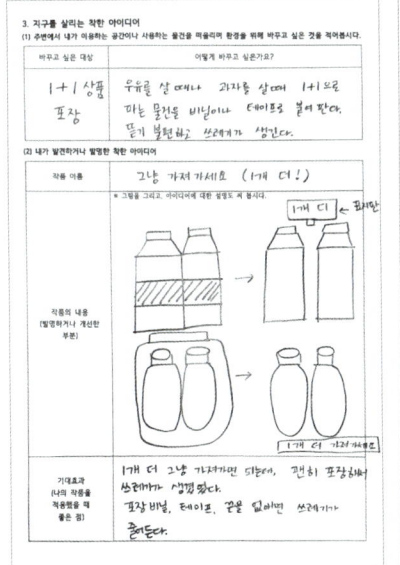
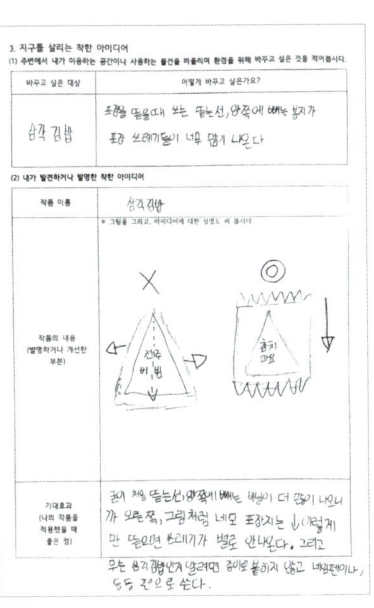

 그림책 활동 팁!

환경을 지키는 소중한 의견을 직접 전해봅니다

실제 시민들과 학생들의 의견을 반영하여 기업의 포장지를 친환경으로 바꾸는 사례가 있습니다. 지구를 살리는 다양한 아이디어를 담은 활동지를 기업이나 지자체에 보낼 때는 여러 곳으로 분산하기보다 한 곳을 정하여 함께 메시지를 전달하는 것이 좋습니다. 아울러 학년이나 학교 차원의 활동으로 진행한다면, 더 큰 힘을 발휘할 수 있습니다. 환경을 위한 다양한 발명이나 특허출원의 예시는 특허청 홈페이지나 특허청 네이버 밴드에 다양하게 제시되어 있습니다.

함께 읽으면 좋은 그림책

『**지구를 위한 한 시간**』은 2007년 3월 31일 호주 시드니에서 처음 시작한 지구촌 불 끄기 캠페인(Earth hour, 어스아워)을 담고 있습니다. 이 캠페인이 시작되기까지 지구가 겪은 위기를 잔잔하게 풀어갑니다. 한 시간 동안 잠시 불을 끄는 것은 실제로 에너지 절약에 큰 도움이 됩니다. 우리가 지구를 위해 어렵지 않게 할 수 있는 일, 그러나 꼭 필요해야 할 일은 무엇인지 함께 이야기 나눠봅니다.

_ 박주연 글. 조미자 그림. 한솔수북

4/25

세계 펭귄의 날
World Penguin Day

　남극에 사는 귀여운 동물은 누구일까요? 어린이들에게 물어본다면, 대부분 펭귄을 떠올릴 것입니다. 펭귄은 얼음 위를 뒤뚱뒤뚱 걸어 다니거나, 차가운 바다를 헤엄칩니다. 뿐만 아니라, 매서운 추위를 무릅쓰며 알을 품어 지키고 새끼를 키워내어 감동을 주기도 합니다. 그런데 지구온난화와 서식지 파괴로 인해 펭귄들이 점점 사라지고 있습니다.

　남극 로스해에 살고 있는 아델리펭귄은 바다가 얼어붙는 4월에 이동하여, 4월 25일 경에 미국 맥머도 McMurdo 남극관측기지 앞을 지나간다고 합니다. 그래서 맥머도 남극관측기지는 매년 4월 25일을 세계 펭귄의 날 World Penguin Day로 정하였습니다. 세계 펭귄의 날이 되면, 전 세계에서는 펭귄 보호를 위한 다양한 행사를 개최하여 펭귄의 위기와 소중함에 대해 알립니다. 또한 환경단체와 과학자들은 펭귄 서식지를 보호하기 위해 해양보호구역을 더 확대할 수 있도록 노력하고 있습니다.

{ 안녕, 폴

센우 글·그림. 비룡소
추천 대상: 1~4학년 }

『안녕, 폴』은 남극기지의 요리사 이언과 아기 펭귄 폴의 이야기를 담고 있습니다. 남극기지의 사람들이 버려진 펭귄 알들을 부화시키고, 펭귄과 함께 어울려 지내면서 모두가 행복한 남극을 만들어 갑니다.

실제로 남극에는 지구온난화로 인한 기후 변화 때문에 위기에 처한 동물들이 많습니다. 이는 펭귄만의 이야기도, 남극만의 이야기도 아닙니다. 우리가 살아가는 지구가 환경오염으로 인해 망가지고, 이로 인해 살 곳을 잃어가는 여러 동물에 대해 생각해 볼 수 있습니다. 그림책을 통해 '세계 펭귄의 날'의 의미를 알아보고, 펭귄과 지구를 위해 우리가 실천할 수 있는 일은 무엇일지 찾아보는 시간을 마련하고자 합니다.

그림책 활동

1. 남극과 북극

『안녕, 폴』에는 남극기지의 요리사와 연구원들이 나옵니다. 그림책 속 인물들에 대해 이해하기 위해, 그림책을 읽기 전에 남극에 대한 다양한 배경지식을 쌓는 시간을 갖습니다.

먼저, 남극과 북극의 차이점에 대해 알아봅니다. 학생들은 남극과 북극을 혼동하는 경우가 많습니다. 지구본을 직접 보며 남극과 북극의 위치를 확인하고, 서식하는 동물, 자연환경, 주변 국가 등에 대해 알아봅니다. 다음으로, 남극기지와 그곳의 사람들이 하는 일을 살펴봅니다. 왜 남극에는 다양한 국가에서 사람들을 보내 기지를 짓고 지내는지, 사람들은 그곳에서 무슨 일을 하는지 알아봅니다. 앞서 배운 배경 지식을 학생들이 잘 알고 있는지 간단한 퀴즈를 통해 확인합니다.

남극 세종 과학 기지
1988년 2월, 서남극 남쉐틀랜드 군도의 킹조지섬에 건설.
매년 약 18여명의 월동연구대가 1년간 상주하여 기지유지 업무를 수행함.
남극 여름철인 12월에서 이듬해 2월까지는 약 100여명의 하계연구대가 파견되어 다양한 분야의 극지 연구를 수행한다.

남극
위치 : 남위 90도
남극은 바다로 둘러싸인 대륙이다.
남극 얼음은 땅에 내린 눈이 언 빙하이다.

북극
위치 : 북위 90도
북극은 대륙으로 둘러싸인 빙하이다.
북극 얼음은 바다가 언 해빙이다.

2. 펭귄이 사라진 이유, 네 컷 만화 그리기

『안녕, 폴』에서는 남극에서 펭귄이 사라지자, 알들이 부화하지 못한 채 얼어버릴 위기를 맞습니다. 그리고 펭귄이 사라지게 된 이유를 아주 자세하게 그림과 글로 보여줍니다. 이를 통해 독자들도 펭귄의 위기에 대해 이해하고 공감할 수 있습니다.

학생들과 함께 남극 생태계가 위기에 처한 까닭을 조사하고 이를 네 컷 만화로 표현해봅니다. 네 컷 만화를 그리기 어려워하는 학생이 있다면, 첫 번째 칸에 예시 그림을 넣어 빈칸을 줄여서 제시해줘도 좋습니다. 각 학급의 상황에 맞게 난이도를 조절할 수 있습니다. 학생들의 그림과 글로 표현한 네 컷 만화를 학교 복도에 전시하여, 많은 사람들이 펭귄이 겪는 어려움을 알 수 있도록 합니다.

3. 네 컷 만화 감상카드 만들기

네 컷 만화 전시회를 열 때, 전시회를 감상한 사람들이 자신들의 생각이나 느낌을 표현할 수 있도록 합니다. 감상카드를 만들어 네 컷 만화를 보고 느낀 점, 펭귄 보호를 위해 우리가 할 수 있는 노력에 대해 소통할 수 있도록 합니다.

준비된 펭귄 도안을 예쁘게 색칠하고, 펭귄 알 그림 부분에 네 컷 만화를 보고 난 생각이나 느낌을 적습니다. 그 위에 펭귄 알 겉면 도안을 붙여주면, 소중한 알을 안고 있는 펭귄 감상카드가 완성됩니다. 전시된 네 컷 만화에 감상카드를 붙여서, 펭귄을 소중히 여기는 마음을 다른 학생들과 함께 나눕니다.

그림책 활동 팁!

남극과 북극에 대해 알아볼 때는, 학년에 따라 난이도를 조절합니다

저학년의 경우에는 전문적인 용어들을 많이 어려워할 수 있습니다. 남극과 북극에 대해 쉬운 말들로 설명하여 흥미를 잃지 않도록 해야 합니다. 중학년은 또래 학생에게 서로 설명하며 지식을 더 확장 시킬 수 있습니다. 학년에 맞게 활동을 적용하면 좋습니다.

네 컷 만화에서 중요한 것은 간단한 그림과 의미 전달입니다

네 컷 만화를 그릴 때, 귀여운 캐릭터 그림 그리기 활동이 되는 것을 지양합니다. 아이들이 서로의 네 컷 만화를 감상할 때도, 그림 솜씨에 치중하여 이야기할 수 있습니다. 그보다는 펭귄이 사라지게 된 이유가 잘 표현이 되었는지, 간단한 그림 속에 정확히 의미가 담겨 있는지에 중점을 두고 볼 수 있도록 지도합니다.

함께 읽으면 좋은 그림책

『아름다운 우리 지구』는 살 곳을 찾아 떠나는 84마리 펭귄 가족의 이야기입니다. 아름다운 숲과 바다, 꽃밭을 찾아 나서지만, 그 어디에서도 아름다운 지구의 모습을 찾을 수 없습니다. 하지만 포기하지 않고, 아름다운 지구를 다시 만들기로 힘을 모읍니다. 자연을 다시 되살리는 것은 분명 힘든 일이지만, 모두가 힘을 모으면 불가능하지 않다는 희망의 메시지를 전달하는 그림책입니다.

_ 토네 사토에 글·그림. 엄혜숙 옮김. 봄봄

5월, 10월

둘째 주 토요일

세계 철새의 날
World Migratory Bird Day

제가 사는 지역은 찬바람이 불어오면 아침저녁으로 '끼룩끼룩'하는 소리가 들려오며 V자 대형으로 이동하는 새 떼로 하늘이 가득해집니다. 아이 중 누군가가 '와, 새 떼다!' 외치면, 운동장 쪽 창문에 아이들이 다닥다닥 붙어 다같이 하늘을 봅니다. 해마다 이곳을 찾아오는 반가운 손님들 덕분에 저도 자꾸만 파란 하늘을 바라보고 어쩌다 새 이름을 알게 되면 그렇게 반가울 수 없었습니다. 그런데 그 철새들이 각종 위협에 시달리고 있다니 정말 안타깝습니다. 세계 철새의 날은 기후 위기, 토지 이용 변화, 외래종 침입, 밀렵 등 다양한 요인으로 고통받고 있는 이동성 물새와 그들의 서식지 보존의 중요성을 널리 알리기 위해 2006년 만들어진 날입니다. 매년 2회에 걸쳐 기념하는 이유는 여름 철새와 겨울 철새가 두 번에 걸쳐 대이동을 하기 때문입니다. 세계 각국은 매년 철새 및 서식지 보전을 위한 철새 관련 축제, 교육, 조류 관찰 등의 행사를 하고 있으며 우리나라에서는 '동아시아-대양주 철새 이동 경로 파트너십 East Asian-Australasian Flyway Partnership, EAAFP' 주관으로 세계 철새의 날 캠페인을 진행하고 있습니다.

{ 한밤의 철새 통신

전현정 글. 이경석 그림. 파란 자전거
추천 대상: 3~6학년 }

『한밤의 철새 통신』은 일 년에 딱 두 번, 철새들의 소식을 실시간으로 전하는 방송 프로그램이라는 독특한 설정으로 철새들의 대이동 때 벌어지는 여러 사건을 흥미롭게 보여줍니다. 사막화로 먹이 걱정이 많은 정원 솔새, 대도시 불빛 때문에 길을 헤매는 쇠부리슴새, 갯벌의 개발로 이동이 어려운 붉은어깨 도요새 등등 여러 철새의 어려움을 마치 철새가 직접 이야기를 해주는 것처럼 생생하게 만날 수 있습니다.

철새 관련 책들이 대부분 지식적인 측면을 주로 담고 있어, 처음부터 끝까지 읽기보다는 발췌독하는 일이 더 많습니다. 그림책도 크게 다르지 않아 지루하기 쉬운데, 이 책은 철새의 대이동을 올빼미가 진행하는 생생한 뉴스 형식으로 표현하고 있어 시작부터 끝까지 몰입감이 상당

합니다. 철새의 관점에서 기후 변화와 환경 개발이 어떤 의미인지, 인간과 함께 살아가는 것에 관한 생각은 어떤지 가감 없이 드러나는 고품격 생생 뉴스 속으로 아이들과 함께 빠져 보시기 바랍니다.

1. 철새 가위바위보 놀이

그림책을 읽기 전 학생들에게 철새의 날에 대한 의미를 설명해 주고 철새 놀이를 진행합니다. 먼저, '내가 철새가 된다면 어떤 철새가 되고 싶나요?'라고 묻습니다. 저학년이나 새의 이름을 잘 모르는 경우 교사가 도요새, 청둥오리 등등 몇 가지 예를 들어줍니다. 자신이 정한 철새가 어떻게 날지 상상해서 표현해 본 뒤, '자, 이제 철새 이동을 시작하겠습니다.'라는 말로 놀이를 시작합니다. 학생들은 자유롭게 날갯짓하며 걸어 다니다가 다른 새를 만나면 가위바위보를 합니다. 진 학생은 이긴 학생 뒤로 가서 이긴 학생과 같은 종류의 철새로 '변신'하여 날갯짓을 따라 하며 함께 다닙니다. 같은 방법으로 놀이를 진행하고, 마지막으로 이긴 학생 뒤로 철새가 한 줄이 되면 교실을 한 바퀴 돌고, '자, 이제 철새 이동을 마치겠습니다.'라는 교사의 안내를 듣고 각자 자리에 앉습니다. 놀이 후 '계속 날갯짓하고 날아다니는데 힘들진 않았니?'라고 묻거나 철새들도 종류에 따라 참 다양한 생각을 하겠다고 유도하면 그림책에 대한 흥미를 높이고 철새의 어려움을 담은 책 내용과 자연스럽게 연결됩니다.

2. 철새 가상뉴스 역할극   학습지

그림책을 읽고 난 뒤, 여러 철새가 어떤 어려움을 겪었는지 묻고 답합니다. 내용 확인을 마친 뒤, 모둠별로 철새를 하나씩 정해 대본을 만들고 뉴스 형식으로 역할극을 진행합니다. 그림책 내용이 대부분 말주머니가 있는 만화 형식을 띠고 있어, 모둠별로 그림책을 한 권씩 주면 어렵지 않게 만들 수 있습니다. 시간이 부족하거나 학년 특성상 대본 제작이 어려우면, 예시 대본을 주고 연습한 뒤 진행합니다. 각 모둠의 역할극이 끝나면 어떤 생각과 느낌이 들었는지 함께 이야기를 나눕니다. 철새의 어려움을 머리로만 생각하다, 역할극을 한 후에는 철새의 상황에 좀 더 이입하는 경험을 통해 좀 더 풍성한 생각과 느낌을 나눌 수 있습니다.

일 년에 딱 두 번 만나는 기이한 방송
한밤의 철새통신

(뉴스 1)
앵커: 일 년에 두 번 있는 고품격 생생 뉴스! 밤의 철새통신을 보러 와주신 시청자 여러분 감사합니다. 정원솔새 소식부터 알아보겠습니다. (   )기자 나와주세요!
OO기자: 네 저는 지금 정원솔새 가족들이 식사 중인 들판에 나와 있습니다. 한분과 말씀 나눠 보겠습니다.
정원솔새 1, 2 먹을 것을 잡고 서로 안놓고 있음
정원솔새 1: (먹을 것을 꽉 쥐고)야! 놔라 놔~ 넌 위 아래도 없냐?
정원솔새 2: 싫어요. 배고프단 말이에요.
OO기자: 죄송하지만, 정원솔새님들 너무 드시는 거 아닌가요?
정원솔새1: 이동을 시작하면 힘이 많이 드니까 잘 먹어둬야해요.
정원솔새2: 요즘 사막으로 변하는 땅이 늘어서 먹을 것이 부족해졌어요.
OO기자: 지금까지 어쩔 수 없이 다이어트 하게 되는 정원솔새 이야기였습니다. 감사합니다.

3. 한밤의 철새 통신 독서 골든벨(퀴즈앤)

『한밤의 철새 통신』은 철새 이야기를 재밌게 풀어내고 있지만, 아이들에게는 철새 이름이 익숙하지 않기도 하고 다른 나라 이름이나 다양한 사례를 계속 집중해서 보기 쉽지 않습니다. 그림책을 읽어주기 전에 마지막 활동으로 독서 골든벨을 한다고 하면 아이들은 더욱 흥미를 갖고 철새 이름이나 철새가 처한 상황을 이해하려고 노력하는 효과가 있습니다. 또 책 내용을 잘 이해한 만큼 역할극 할 때 철새 입장이 되어 보다 연기에 몰입하는데 도움이 됩니다. 퀴즈앤 누리집에 독서 골든벨 문제를 등록 후 공개해 놓았으니 찾아보기 메뉴에서 책 제목으로 검색하면 바로 복사해서 활용하거나 수정해서 편리하게 이용할 수 있습니다.

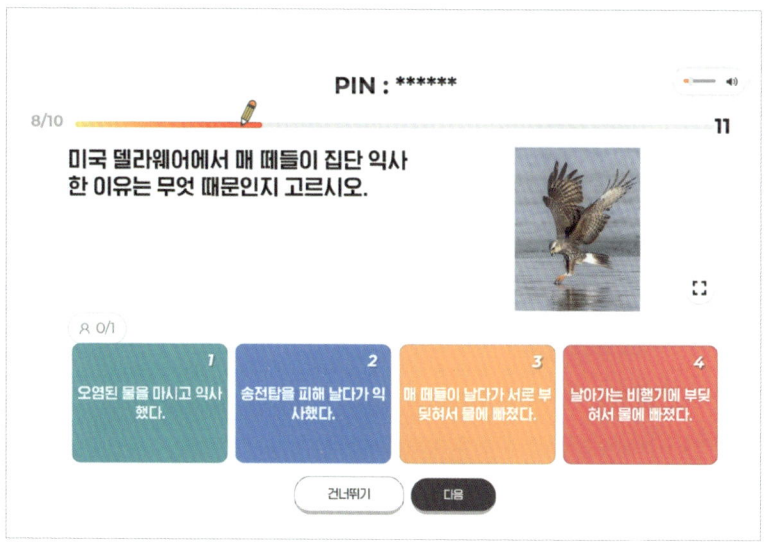

 그림책 활동 팁!

환경 다큐멘터리영화 '수라'를 추천합니다

수라(상영시간 108분)는 수라 갯벌에 사는 여러 생명체는 물론 수라 갯벌에 찾아오는 새들을 관찰하고 기록하며 환경 운동하는 사람들에 관한 이야기입니다. 환경 개발과 갯벌 문제의 생생한 현장, 서해안에 찾아온 철새의 모습을 볼 수 있어 그림책 수업과 연계하기 좋습니다. 또 영화를 보기 전이나 후에 '갯벌을 살릴 것인가, 공항을 건설할 것인가?' 등에 대해 찬반 토론을 나누거나 인상 깊은 장면에 관한 이야기를 나누는 등 교육적으로 다양한 접근이 가능합니다.

함께 읽으면 좋은 그림책

『철새들의 천국 서천 유부도』는 서울에 사는 용이가 충남 서천 유부도에 있는 외갓집에 놀러 가서 외할아버지와 여러 생물을 만나는 모습을 그리고 있습니다. 특히 가을에 볼 수 있는 여러 철새와 이동 경로 등을 용이의 질문과 할아버지의 답을 통해서 아이의 눈높이에 맞춰 살펴볼 수 있는 책입니다.

_ 현재웅 글. 눈감고그리다 그림. 국립생태원

『철새, 생명의 날갯짓』 우리나라는 물론 다른 나라에서 살아가는 120여 종이 넘는 철새들의 모습을 역동적인 세밀화로 담고 있습니다. 이 책의 작가는 철새들의 이주본능을 지켜주고 철새들의 환경을 보호하자는 메시지를 담았다고 합니다.

_ 스즈키 마모루 글·그림. 천개의 바람

5/20

세계 벌의 날
World Bee Day

　최근 꿀벌들이 전 세계 곳곳에서 동시에 사라지고 있다고 합니다. 꿀벌이 사라지는 현상에 대해 많은 사람이 연구하고 있지만, 뾰족한 해결책을 찾지 못하고 있습니다. 이러다가 정말로 꿀벌이 멸종되는 것은 아닐까요? 우리가 꿀벌이 보내는 작은 신호를 놓치고 있는 것은 아닐지 염려스럽습니다.

　2015년, 유럽의 양봉 국가인 슬로베니아는 벌의 날 지정을 국제연합UN에 발의했습니다. 그로부터 2년 후인 2017년, 슬로베니아의 저명한 양봉가 안톤 얀사 Anton Jansa의 출생일인 5월 20일을 세계 벌의 날World Bee Day로 정하여 기념하기 시작했습니다. 매년 세계 벌의 날이 되면, 세계 곳곳에서는 꿀벌이 안전하게 살아가기 위한 환경을 조성하자고 한 목소리로 외칩니다. 그리고 국가와 기업, 각 개인이 꿀벌을 보호하기 위해 할 수 있는 일은 무엇이 있을지 생각해 보는 기회를 갖습니다.

{ 꿀벌과 함께 시작돼요 }

에이미 갤러거(Aimee Gallagher) 글. 제니 웨버(Jennie Webber) 그림
정희경 옮김. 봄나무
추천 대상: 1~3학년

『꿀벌과 함께 시작돼요』는 따뜻하고 포근한 그림으로 꿀벌의 여정을 보여줍니다. 작지만 부지런한 꿀벌 덕분에 식물들이 꽃을 피우고 열매를 맺습니다. 책을 통해 그 풍경을 감상하다 보면 생명의 신비함에 가슴이 벅차오릅니다. 지구에서 식물이 사라지면 동물도 살아남지 못합니다. 그 시작에 꿀벌이 있다는 것을 책을 통해 배울 수 있습니다.

최근 세계 곳곳에서 꿀벌 실종 현상이 발생하고 있습니다. 기후 위기, 미세먼지, 전자파, 병해충 등 복합적인 원인으로 인해 꿀벌이 벌집으로 돌아오지 못한다고 합니다. 꿀벌이 사라진다면, 지구 생태계가 큰 위기를 맞게 됩니다. 『꿀벌과 함께 시작돼요』를 통해 우리가 마주한 환경문제의 심각성을 이해하고, 꿀벌을 지키기 위해 우리가 할 수 있는 일들을 생각하고자 합니다.

1. 꿀벌에 대해 알게 된 것 모으기

그림책을 읽은 후 꿀벌에 대해 알게 된 것을 확인해봅니다. 꿀벌은 무엇을 좋아하는지, 꿀벌은 어떤 일을 하는지, 꿀벌이 왜 소중한지를 책을 통해 알아봅니다. 지구 생태계는 왜 꿀벌로부터 시작하는지, 우리가 왜 꿀벌을 보호해야 하는지 생각합니다.

모둠별로 주제를 나누어 육각 포스트잇에 자기 생각을 정리해보도록 합니다. 칠판에 각 모둠이 육각 포스트잇을 하나하나 붙이며 커다란 벌집 모양을 완성합니다. 브레인스토밍 결과가 벌집 모양이 되어, 우리의 관심과 노력이 꿀벌을 지킬 수 있음을 생각해 봅니다.

2. 꿀벌 반지 만들기

꿀벌의 생김새를 떠올리며 꿀벌 반지를 만들어봅니다.

노란 색종이와 흰 색종이를 4등분으로 잘라 준비합니다. 노란 색종이로 몸통을 만든 후, 네임펜으로 꾸며줍니다. 흰 색종이로 날개를 만든 후, 노란 몸통에 풀칠하여 붙입니다. 모루를 손가락에 말아 반지 모양을 만듭니다. 투명테이프로 모루 반지를 색종이 꿀벌에 붙입니다.

완성된 꿀벌 반지를 손가락에 끼고, 꿀벌의 생김새와 움직임에 대해 생각해 봅니다. 꿀벌은 비행을 통해 꿀벌이 자유롭게 날아다닐 수 있는 세상을 꿈꾸며 꿀벌 반지를 끼고 꽃을 찾아 밖으로 나갑니다. 꽃이 다치지 않게 유의하며 꿀벌이 수분하는 과정을 꿀벌 반지로 흉내 냅니다. 꿀벌은 꿀이 많은 곳이나 새로운 집터를 발견했을 때, 춤을 추어서 다른 꿀벌들에게 위치를 알려줍니다. 가까운 곳은 동그라미, 먼 곳은 8자를 그리며 손가락 춤을 춥니다. 꿀벌 반지를 끼고 꿀벌의 여행을 체험함으로써 꿀벌의 역할과 소중함에 대해 생각해 볼 수 있습니다.

3. 꿀벌 술래잡기

전 세계 곳곳에서 꿀벌이 사라지고 있습니다. 이상기후, 병해충, 살충제 등 다양한 원인으로 인해 꿀벌이 길을 잃고 벌집으로 돌아오지 못한다고 합니다. 꿀벌의 여행을 방해하는 요인들을 술래로 정하여, '꿀벌 술래잡기' 놀이를 진행해봅니다.

납작 훌라후프 여러 개를 바닥에 놓아 벌집과 꽃밭을 표현합니다. 꽃밭 훌라후프 안에는 탁구공을 모아둡니다. 꿀벌들은 꽃밭과 벌집 안을 자유롭게 돌아다니며, 탁구공을 벌집에 모읍니다. 술래들은 꽃밭과 벌집 안에는 들어갈 수 없으며, 꿀벌의 이동 경로에서 꿀벌을 잡으러 다닙니다. 술래에게 잡힌 꿀벌은 탁구공을 술래에게 주고, 그 자리에 멈추어 섭니다. 다른 꿀벌이 와서 구해주면, 다시 움직이며 탁구공을 모을 수 있습니다. 놀이 시간이 종료된 후, 남은 탁구공과 모은 탁구공의 수를 비교하여 승부를 정합니다.

꿀벌 술래잡기를 통해 꿀벌이 실종되는 다양한 원인을 알아볼 수 있습니다. 또한 부지런히 꿀을 모으며 서로 돕는 꿀벌의 역할을 경험하면서, 꿀벌의 가치와 소중함을 느낄 수 있습니다.

 그림책 활동 팁!

동요 <꿀벌의 여행>을 불러보아도 좋습니다

동요 <꿀벌의 여행>은 아이들이 쉽게 따라 부를 수 있습니다. 미리 동요를 배우고 나서 활동을 진행하면, 더 신나고 즐겁게 놀이에 참여할 수 있습니다. 노래를 부르며 활동하는 것이 어렵다면, 배경음악으로 준비하여 놀이 중에 틀어주어도 좋습니다.

인터넷에서 '꿀벌 종이접기'를 검색하여 수업에 활용할 수 있습니다

'꿀벌 종이접기'를 검색하면 다양한 방법의 종이접기 과정을 찾아볼 수 있습니다. 수업을 진행하는 학년에 맞게 난이도를 선택할 수 있습니다. 반지를 만들 때, 모루 대신 고무줄을 사용해도 좋습니다.

함께 읽으면 좋은 그림책

『꿀벌』은 예쁜 빛깔의 꽃 사이를 날아다니는 작은 꿀벌의 여행 이야기입니다. 꿀벌 한 마리가 만드는 기적을 아름다운 그림으로 표현했습니다. 책 속에는 벌집 모양의 작은 구멍이 있습니다. 그 구멍을 통해 보는 꿀벌의 모습이 흥미롭습니다.

_ 브리타 테크트럽(Britta Teckentrup) 글·그림. 키즈엠

『꿀벌의 노래』는 꿀벌의 습성과 생활을 귀엽고 재미있는 그림으로 알기 쉽게 보여주는 그림책입니다. 책의 글들은 마치 꿀벌의 노랫소리처럼 다정하고 귀엽습니다. 동시처럼 운율이 있는 문장들이 돋보입니다. 초등학교 저학년 친구들에게 소리 내어 읽어주기 좋은 책입니다.

_ 커스틴 홀(Kirsten Hall) 글. 이자벨 아르스노(Isabelle Arsennault) 그림. 북극곰

5/22

국제 생물 다양성의 날
International Day for Biological Diversity

먹이 사슬과 생명의 그물, 비슷한 것 같지만 다른 뜻이 담긴 말입니다. 예전에는 생물들이 먹고 먹히는 관계라는 약육강식 관점에서 생물들의 관계를 먹이 사슬이라는 말로 많이 썼습니다. 그런데 이제는 생물을 약한 존재, 강한 존재로 구분하기보다는 모두 생명을 지닌 존재의 관점에서 서로 영향을 주고받으며 얽혀있는 관계로 여겨 생명의 그물이라는 말을 사용합니다. 왜 이렇게 생각이 변하게 되었을까요? 그 안에는 환경에 대한 사람들의 인식 변화 때문이 아닐까 싶습니다. 생물 다양성은 지구상에 존재하는 모든 생물종의 다양성을 의미합니다. 생물 다양성은 환경오염 물질을 흡수하거나 분해하여 대기와 물을 정화하고, 토양의 비옥도와 적절한 기후조건을 유지하는 데 결정적인 역할을 합니다. 이 기념일은 생물 다양성이 사라지는 것과 그에 얽힌 여러 문제에 대한 사람들의 인식을 확산하기 위해 유엔이 제정한 기념일로, 생물 다양성 협약이 체결된 날을 기념하는 것을 목적으로 정해진 것입니다. 우리는 생물 다양성이 사라지면 생명의 그물이 끊어지고, 결국은 지구 전체가 무너질 수 있다는 것을 알고 환경에 대한 생각의 변화가 실천으로 이어져야 하겠습니다.

{ 지구에는 생물이 가득가득

닐 레이튼(Layton, Neal) 글·그림. 유윤한 옮김. 재능교육
추천 대상: 1~2학년 }

『지구에는 생물이 가득가득』은 주인공과 대화를 나누는 듯 지구에 사는 동물과 식물에 대한 소개로 시작해, 그 다양한 생물들이 살게 된 배경, 생태계에서의 역할, 멸종 위기 동물들을 위해 우리가 생활 속에서 해야 할 일에 이르기까지 생물 다양성에 대해 폭넓고 깊은 내용을 '생명의 그물'로 연결하며 친절하게 설명합니다. 그래서인지 지구 곳곳 다양한 서식지에 살고 있어 서로 전혀 만날 수 없을 것 같은 원숭이와 플랑크톤, 물고기와 지렁이도 서로 촘촘하게 이어져 있는 것은 물론이고, 이들과 우리 사람도 하나로 연결되어 있다는 것을 확실히 느끼게 됩니다. 그리고 지구의 생물들이 겪고 있는 위기와 그들에 대한 우리 사람들의 책임에 대해서도 깊이 있게 전달합니다.

그림책 수업을 통하여 생물 다양성과 생명의 그물에 대해 알고, 생명의 그물을 건강하게 지키는 방법을 함께 고민하고 실천하고자 합니다.

 그림책 활동

1. 생명의 그물 잇기 털실 네트워크

그림책을 읽은 후 교사와 학생 모두 교실 가운데에 원을 만들어 섭니다. 교사가 먼저 생물 이름을 말하며 한 학생에게 털실을 던집니다. 털실을 받은 학생은 다른 생물 이름을 말하며 다른 학생에게 털실을 던집니다. 이렇게 반복하면 털실이 생명의 그물처럼 이어지게 됩니다. 이 과정을 통해 지구의 생물들은 서로 연결이 되어 있음과 더 나아가 사람도 연결되어 있음을 알 수 있습니다.

2. 생명의 그물 끊기 놀이 학습지

사람들이 하는 일과 관련하여 살 곳 만들기, 비료, 제초제, 살충제, 물고기 많이 잡기, 공장, 기계, 공해 등으로 인해 생물들이 사라지기도 하고, 이미 1년에 27,000종이 넘는 생물들을 잃고 있다고 합니다. 이렇게 생물이 사라지면 어떻게 되는지, 생명의 그물 끊기 놀이를 통해 알 수 있습니다. 생물이 사라지면 결국 지구 전체가 무너질 수 있다는 것을 느낄 수 있을 것입니다.

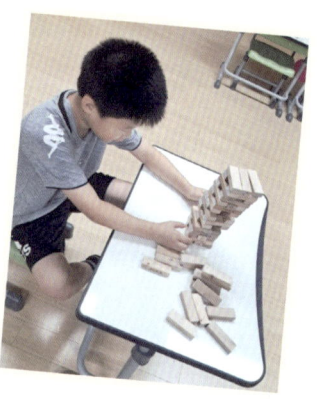

생명의 그물 끊기 놀이를 하기 위해 교사는 제공되는 학습지의 생물 붙임딱지를 나무 블록에 붙여서 생물 나무 블록을 준비합니다. 생물 나무 블록 세트는 반 전체가 놀이에 참여할 경우에는 1세트만 준비합니다.

다. 나무 블록을 3개씩 가로, 세로 번갈아 가며 쌓습니다. 나무 블록을 뺄 순서를 정하고(번호 순서대로 등), 나무 블록을 하나씩 빼면서 놀이합니다. 이때 나무 블록을 빼며 나무 블록에 적혀 있는 생물의 이름을 말하도록 합니다. 순서에 따라 진행하며, 나무 블록이 쓰러지게 되었을 때 생물이 사라지면 지구 전체가 무너질 수 있다는 것을 상기시킵니다.

모둠별로 놀이하게 될 경우에는 생물 나무 블록을 모둠 수만큼 준비합니다. 가위바위보로 순서를 정하고, 나무 블록을 하나씩 빼면서 반 전체가 하는 방법으로 놀이를 진행하면 됩니다.

3. 생명 그물 지킴이 책갈피 만들기

도안을 이용하여 생물 책갈피를 만듭니다. 그리고 생명의 그물을 건강하게 지키기 위해 우리가 할 수 있는 멋진 아이디어를 떠올려 글로 쓰거나 그림으로 그립니다. 학생들이 멋진 아이디어를 떠올리기 힘들어한다면, 우리가 생활 속에서 바로 실천할 수 있는 일들을 함께 떠올려 볼 수 있도록 안내합니다. 생물 책갈피를 책에 꽂아 활용하며 생명의 그물을 건강하게 지키기 위한 나의 약속을 자주 상기할 수 있습니다.

생물 책갈피 만들기는 먼저, 도안을 오립니다. 오린 사각 종이를 세모로 접은 후 뒤집습니다. 윗부분을 접어 내리고 양옆을 접어 줍니다. 양옆에 접었던 부분을 펼친 후 다시 위 꼭지 부분까지 접으면 동물 얼굴이 보입니다. 동물 얼굴 윗부분을 뒤 종이 사이에 접어 끼워 줍니다. 그리고 오려둔 삼각 종이(나는 생명 그물 지킴이)를 붙이고 생명의 그물 지킴이 아이디어를 글로 쓰거나 그림으로 그려주면 완성됩니다.

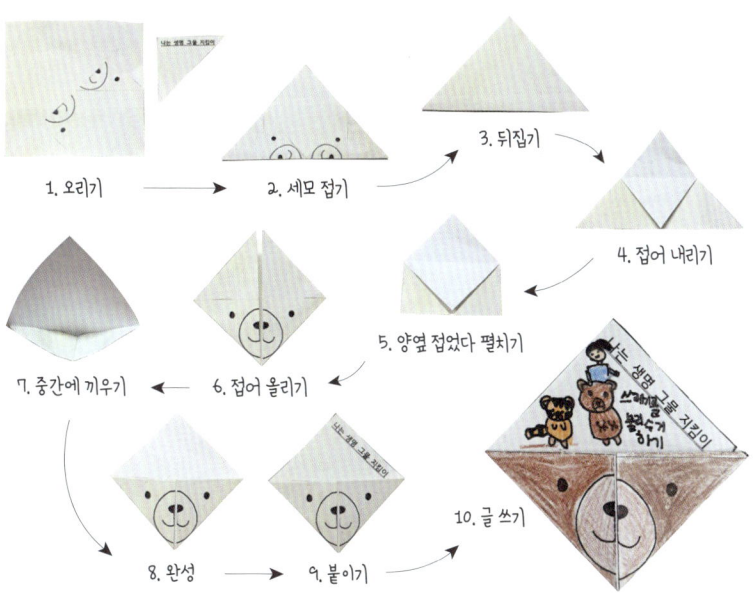

 그림책 활동 팁!

털실을 길게 준비해서 활동합니다

털실 네트워크 활동을 할 때에는 털실을 길게 준비해서 활동해야 활동이 끊기지 않고 의미 있게 활동할 수 있습니다. 길게 준비할 수 없으면 학생들의 간격을 좁혀서 활동하면 됩니다.

함께 읽으면 좋은 그림책

『이상한 구십구』 제목만 보고는 알 수 없는 이상한 구십구. 무엇이 구십구일까 궁금해하며 책을 읽다 보면 기후 위기 문제와 마주하게 되고, 그 안에서 멸종 위기에 있는 동물들을 만나게 됩니다. 이 책은 다소 무거운 주제를 귀엽고 친근한 그림으로 담은 병풍 그림책입니다.

― 이예숙 글·그림. 아트앤팝업

5/23

세계 거북이의 날
World Turtle Day

거북이는 일상생활에서 흔하게 보기는 어렵지만, 우리에게 낯설지 않은 동물입니다. 어렸을 때부터 이야기 속 등장인물로 거북이를 많이 만나보았기 때문입니다. '토끼와 거북이'에서는 빠른 토끼를 상대로 달리기 경주를 하는 거북이가 나옵니다. '별주부전'에서는 용왕님의 병을 낫게 하려고 토끼를 잡으러 가는 충성스러운 거북이가 등장합니다. 그 외에도 많은 이야기 속에서 거북이가 등장합니다. 이런 거북이가 2015년에 전 세계적으로 화제가 된 일이 있었습니다. 한쪽 코에 빨대가 박힌 채 피를 흘리고 있는 거북이의 모습이 세상에 알려지게 된 것입니다. 아파하는 거북이의 모습은 사람들에게 큰 충격을 주었습니다.

세계 거북이의 날 World Turtle Day 은 거북이를 보호하기 위해 지정된 국제 기념일입니다. 환경오염 및 거북이 불법 포획으로 인해 거북이의 개체 수가 현저히 줄고 있기 때문입니다. 비영리 단체인 미국 거북이 구조협회 American Tortoise Rescue 는 2000년에 5월 23일을 세계 거북이의 날로 지정했습니다. 학생들이 세계 거북이의 날을 통해서 거북이를 보호하는 활동이 결국 환경을 보호하고, 사람을 보호하는 일과 연결되어 있음을 깨닫길 바랍니다.

{ 아기 거북이 클로버

조아름 글·그림. 빨간콩
추천 대상: 전 학년 }

『아기 거북이 클로버』는 클로버의 탄생 순간부터 이야기가 시작됩니다. 작가는 클로버의 발걸음을 따라가며, 거북이들의 생활 모습을 보여줍니다. 클로버는 갈매기 떼, 무시무시한 게, 커다란 입을 뻐끔거리는 물고기들의 공격을 피하며 살아남습니다. 여러 위험으로부터 살아남은 클로버는 안심하며 해파리를 맛있게 먹습니다. 하지만 해파리의 정체는 사람들이 버린 비닐과 플라스틱이었습니다. 귀여운 아기 거북이를 통해 거북이들이 처한 위험한 현실을 보여주는 그림책입니다.

동물들은 사람들이 무분별하게 버린 쓰레기를 먹이로 착각하여 먹고, 죽게 됩니다. 이러한 안타까운 상황을 학생들이 인식하고, 이를 해결하기 위한 방법을 나와 가정에서부터 생각해 보는 시간이 되었으면 좋겠습니다.

1. 거북이 OX 퀴즈　　　　　　　　　　　　PPT

　그림책을 읽기 전, 거북이에 대해 알아보는 시간을 갖습니다. 거북이에 대해 잘 알아야 환경오염이 거북이의 생명에 어떤 영향을 미치는지 정확히 알 수 있기 때문입니다. 거북이의 성별 결정 요인, 먹이, 천적 등을 OX 퀴즈로 살펴보며, 거북이에 대해 재미있게 알아봅니다.

　OX 퀴즈 후 그림책을 읽을 때, 퀴즈에 나왔던 내용을 그림책 속에서 한 번씩 짚고 넘어가면 좋습니다. 예를 들어, '거북이는 새끼로 태어나는 게 아니고, 알에서 태어나는 게 맞네.', '거북이는 태어나자마자 바다로 간다는 내용은 아까 퀴즈에서도 나왔지?'와 같이 언급해 줍니다. 학생들이 그림책을 더 자세히 살펴보는 기회가 됩니다.

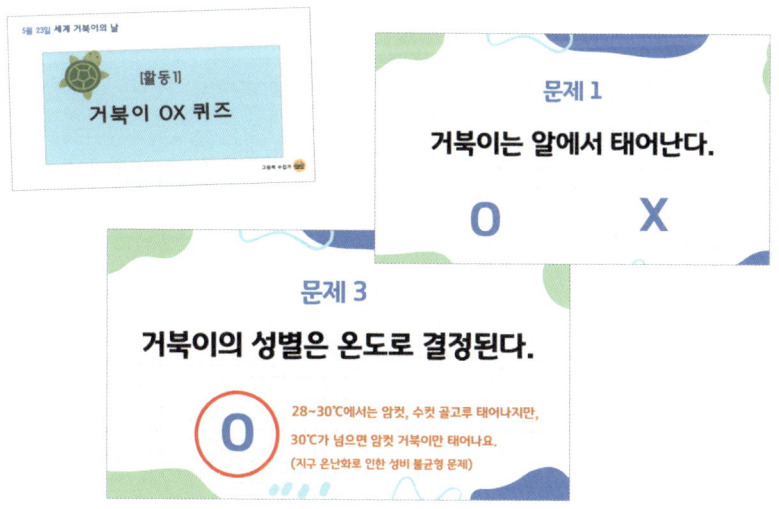

2. 거북이 클로버 따라가기

학습지

그림책 속 거북이 클로버를 따라가 보며 거북이의 삶을 살펴봅니다. 장면마다 클로버가 느꼈을 감정을 생각해 보며, 주인공의 마음을 깊이 이해해 보는 활동입니다. 처음 태어났을 때의 설렘, 천적으로부터 공격을 당할 때의 무서움, 먹이를 발견했을 때의 기쁨, 쓰레기를 먹이로 먹었을 때의 고통스러움을 떠올리며 등장인물의 감정을 써 봅니다. 그리고 각 장면에서 클로버가 했을 말과 지었을 표정을 상상해서 그려봅니다. 이 활동은 거북이를 공감해 보는 활동이지 정답이 정해진 활동은 아닙니다. 크게 문맥에서 벗어나지 않는다면 학생들의 다양한 의견을 수용해 줍니다. 이 활동을 통해 거북이 보호의 필요성을 마음으로부터 느낄 수 있기를 바랍니다.

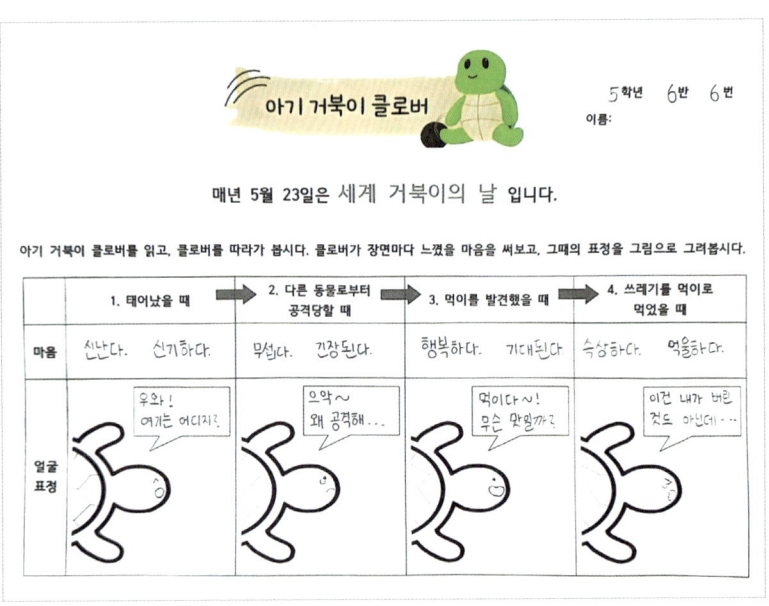

3. 거북이에게 편지쓰기

인간 때문에 많은 고통을 당하고 있는 거북이에게 미안한 마음을 담아 편지를 쓰는 활동입니다. 우리가 함부로 쓰고 버린 일회용품이 거북이의 생명을 위협할 수 있음을 깨달았으니, 앞으로 어떻게 생활할지 거북이에게 편지를 쓰며 다짐해 봅니다. 거북이 도안을 활용하여 거북이 등껍질과 몸을 색칠하고 오립니다. 거북이 몸 안쪽에 편지를 씁니다. 등껍질을 '풀칠' 부위에 맞춰 붙입니다. 활동지에 있는 해파리 도안은 아이들이 작품에 자유롭게 활용할 수 있도록 알려주면 좋습니다.

 그림책 활동 팁!

학년에 맞게 활동 수준을 조정합니다

거북이에게 편지쓰기 활동은 학년에 맞게 수준을 조정해서 진행합니다. 저학년에서는 거북이를 꾸미는 것에 초점을 둡니다. 편지는 '거북이야, 힘내!', '일회용품을 함부로 써서 미안해.'와 같이 간단히 쓰는 수준에서 활동하도록 합니다. 고학년에서는 거북이에게 쓰는 편지 내용에 더 집중하도록 합니다. 거북이에게 어떤 마음이 드는지, 앞으로 어떻게 생활함으로 거북이를 도울 것인지 구체적으로 쓸 수 있도록 안내해 줍니다.

함께 읽으면 좋은 그림책

『달빛을 따라 집으로』는 바다거북을 위해 환경 운동을 벌이는 어린이들의 이야기가 담긴 책입니다. 아기 바다거북은 부화 후 가장 밝은 빛인 달빛을 따라 바다로 들어갑니다. 하지만 사람들이 켜 놓은 인공 불빛 때문에 바다거북이 잘못된 방향으로 쫓아가다가 바다로 가지 못하는 일들이 발생합니다. 아이들은 이 문제를 해결하기 위해 불 끄기 포스터를 제작하고, 마을 사람들에게 안내장을 만들어 알리는 등 다양한 해결책들을 세우고 실천합니다. 어린이들도 충분히 주도적으로 환경 문제 해결을 위해 행동을 할 수 있다는 것을 보여줍니다.

_ 필리프 쿠스토(Philippe Cousteau), 데버라 홉킨슨(Deborah Hopkinson) 글.
메일로 소(So, Meilo) 그림. 장혜진 옮김. 청어람미디어

6/4

세계 자전거의 날
World Bicycle Day

　우리의 일상에서 자전거는 쉽게 접할 수 있는 교통수단입니다. 우리는 아침에 학교 가는 길, 동네 친구들과 놀러 갈 때, 혹은 가족과 함께 공원을 산책할 때 자전거를 타는 사람들을 흔히 볼 수 있습니다. 하지만 자전거는 단순한 이동 수단 그 이상의 의미가 있습니다. 자동차 대신 자전거를 타는 것은 지구 환경을 보호하는 데 중요한 역할을 합니다. 이런 작은 실천 하나가 우리가 사는 지구를 깨끗하고 건강하게 유지하는 데 큰 힘이 된다는 사실을 우리는 기억해야 합니다.

　자전거는 탄소 배출이 없는 친환경 교통수단입니다. 자동차는 매일 많은 양의 온실가스를 배출해 기후 변화를 가속화시키지만, 자전거는 그렇지 않습니다. 또한, 자전거는 도로 확장을 최소화하고 자연 서식지를 보호하는 데 기여합니다. 학생들이 자전거를 타면서 이러한 사실을 배우게 된다면, 교통수단 선택이 환경에 미치는 영향을 깨닫고, 우리가 자연과 공존하며 살아가는 방법을 자연스럽게 배울 수 있습니다.

　결국, 자전거 타기는 우리가 쉽게 실천할 수 있는 가장 실용적이고 효과적인 환경 보호 활동 중 하나입니다. '세계 자전거의 날 World Bicycle Day'은 자전거의 이러한 가치를 되새기고, 학생들이 자전거를 통해서 지속 가능한 미래를 위해 무엇을 할 수 있는지 배우는 소중한 기회입니다. 6월은 미세먼지도 비교적 적고, 날씨가 화창해 바깥 활동을 하기에 좋습니다. 이 날을 맞아 학생들이 자전거의 중요성을 인식하고, 일상속에서 작은 실천을 통해 지구를 지키는 방법을 배워나가기를 기대합니다.

{ 자전거가 지구를 살려요

해리엇 브런들(Herriet Brundle) 글. 이계순 옮김. 풀빛
추천 대상: 3~4학년 }

『자전거가 지구를 살려요』는 해리엇 브런들이 구성한 환경 도서 시리즈 중 자전거를 통한 지속 가능한 생활을 다루고 있습니다. 이 책은 자전거와 헬멧이 주인공으로 등장하여, 자전거를 타면 어떤 점이 우리와 지구에 좋은지를 소개합니다. '탄소 발자국', '이산화탄소', '화석 연료'와 같은 어려울 수 있는 어휘는 학생들이 쉽게 이해할 수 있도록 정리되어 있으며, 자전거를 통해 탄소 발자국을 줄이는 것으로 시작하여 환경문제의 다양한 측면으로 주제를 확장합니다.

쓰레기 문제와 재활용, 일회용품 사용 줄이기 등으로 확장되는 주제는 학생들이 일상에서 실천할 방법을 제시합니다. 그림책 수업을 통하여 책을 읽는 학생들에게 이러한 환경 문제는 특정한 사람들만의 역할이 아닌, 우리 모두가 실천해야 문제가 해결된다는 주인 의식을 가질 수 있도록 도와줍니다.

 그림책 활동

1. 그림책 속 어휘를 찾아라

이 그림책은 문학 작품이라기보다는 다양한 정보를 전달하는 비문학 도서에 가깝습니다. 책의 목적은 학생들에게 환경에 관련된 중요한 정보를 전달하는 것이기 때문에, 학생들이 책의 내용을 잘 이해했는지 확인하는 것이 중요합니다. 특히 이 책은 학생들에게 환경과 관련된 중요한 어휘들을 많이 소개합니다.

초등학생들은 글씨를 많이 쓰는 활동에 흥미를 잃을 수 있어서, 재미를 더한 활동으로 어휘 학습을 돕는 것이 좋습니다. 동영상으로 제공되는 초성 퀴즈 영상을 활용하여 제한된 시간 안에 정답을 맞추는 게임을 모둠별 또는 개인별로 진행할 수 있습니다. 이런 방식은 학생들이 자연스럽게 어휘를 복습하면서도 재미를 느낄 수 있는 효과적인 방법입니다. 정답을 공개할 때는 책의 어느 부분에 나왔는지를 알려주면 이를 통해 배운 내용을 흥미롭게 다시 한번 상기할 수 있습니다. 정답률이 낮은 문제의 경우 직접 그 책의 장면을 함께 다시 읽어보면 더욱 좋습니다.

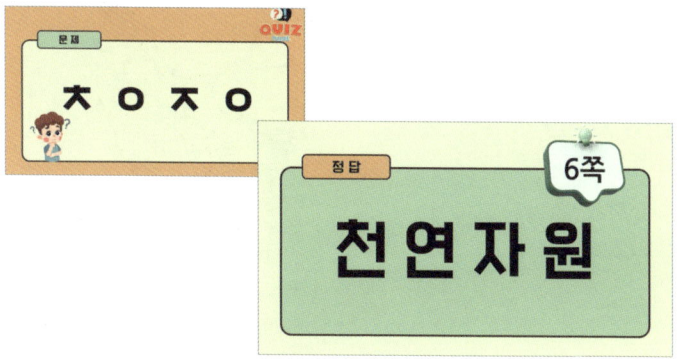

2. 우리들의 자전거 전시회

학습지

나의 자전거를 그리거나, 만들어보는 활동입니다. 자전거가 그리기 어려운 학생은 '자전거 도시' 책을 참고하여 보고 그려도 좋습니다. 또한, 태블릿으로 인터넷 검색을 하여 여러 가지 자전거의 모습을 참고해도 좋습니다. 나의 자전거 작품을 제작한다는 것은 나는 앞으로 자전거를 타는 것과 같이 지구를 살리기 위한 행동에 동참하겠다는 우리 모두의 의지를 표현하는 것이라고 학생들에게 미리 안내해 줍니다. 첨부된 학습지의 배경 도안에는 학생들이 자전거 이용에 관한 캠페인 문구도 함께 넣을 수 있도록 만들어져 있습니다. 예시의 도안은 세우는 작품이므로 두꺼운 종이에 출력하거나 도화지에 풀로 도안을 붙여 힘 있게 만들어 주는 것이 좋습니다. 얇은 종이에 출력하더라도 과자 상자나 택배 포장재 등 재활용할 수 있는 두꺼운 종이 등을 뒤에 덧대어 만들면 내구성이 좋아집니다. 도안의 자전거 만들기를 이용해도 좋고, 레고 같은 블록이나 다양한 재활용품 등을 이용해서 자전거를 만들면 창의적인 자전거가 탄생할 수 있습니다.

3. 우리가 할 수 있는 일, 빙고!

환경 그림책은 학생들에게 실천 의지를 심어준다는 점에서 가정과 연계할 때 그 의미가 더욱 빛납니다. 이 그림책은 학생들이 실천할 수 있는 다양한 사례를 소개합니다. 책에 소개된 사례와 유사한 사례, 또는 새로운 생각을 나누어 봅니다. 학생들이 발언한 내용을 교사는 칠판이나 화면에 공유하고, 자유롭게 빙고 판에 채워 넣게 합니다. 아이디어가 많으면 25칸 빙고 판을, 아이디어가 많지 않을 경우는 16칸 빙고 판을 사용합니다. 빙고 판은 집으로 가져가서 실천할 때마다 보호자에게 확인을 받고, 25칸 빙고의 경우 5줄, 16칸 빙고의 경우 4줄을 완성하면 학교로 가져오도록 약속합니다. 가정에서 실천하는 내용이니 해당 내용을 가정에 안내하고 함께 실천할 수 있도록 독려한다면 참여율이 훨씬 높아집니다. 실천 과제 중에 가정에서 실천하기 어려운 것이 있다면, 가정에서 함께 의논하여 바꿀 수도 있다고 하면 가족과 함께 환경에 대한 대화 시간을 가질 수도 있습니다.

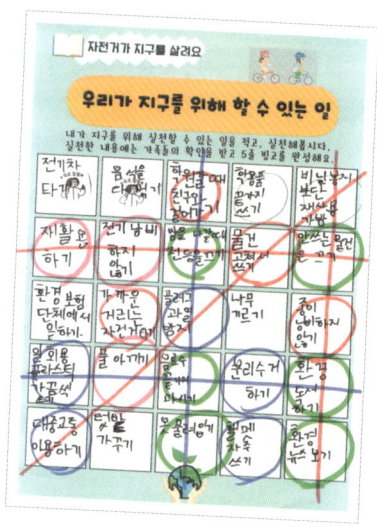

 그림책 활동 팁!

안전교육과 연계해서 수업하면 좋습니다

자전거 타기를 장려하면서 자전거 안전교육을 함께 할 수 있습니다. 자전거 타기만큼 자전거 안전은 학생들에게 매우 중요한 문제입니다. 안전하게 자전거를 타는 법과 자전거를 탈 때 헬멧 쓰기, 차도로 다니지 않기 등 학생들의 생활 속에서 놓치고 있는 자전거 안전 요소가 있는지 함께 점검해 보면 더욱 효과적입니다.

함께 읽으면 좋은 그림책

『**자전거 도시**』는 도시의 여러 가지 다양한 자전거를 보는 재미가 있는 책입니다. 한 장 한 장 넘길 때마다 다양한 모양과 크기의 자전거를 보며 학생들의 감탄하는 소리를 들을 수 있습니다. 두 번째 활동에서 이 책을 참고하여 그림책에 나오는 다양한 자전거들을 보고 학생들이 자신의 자전거를 구상하는 아이디어를 얻을 수 있을 것입니다.

_ 앨리슨 파렐(Alison Farrell)저. 엄혜숙 역. 딸기책방

『**크리스토퍼의 특별한 자전거**』는 크리스토퍼가 재활용품으로 만든 자전거를 타고 다니며 환경 보호를 위한 활동을 하는 이야기입니다. 그림책에 나오는 크리스토퍼가 하는 행동을 보고 세 번째 활동에서 실천 내용을 정하는 데 도움을 줄 수 있습니다. 나는 어떤 행동을 따라 하면 환경을 보호할 수 있을지 그림책을 읽으며 정해보는 것을 추천합니다.

_ 샬럿 미들턴(Charlotte Middleton) 글·그림. 최용은 역. 키즈엠

세계 환경의 날
World Environment Day

지구는 점점 더워지고, 이상기후로 인한 피해는 날로 늘어가고 있습니다. 전세계적인 위기 앞에, 국제사회가 지구 환경 보호를 위해 함께 노력하기 시작한 것은 언제부터였을까요? 바로 1972년 개최된 '유엔인간환경회의'가 국제사회의 첫 노력이었습니다. 1972년부터 환경 보호를 위해 노력해 왔다면, 정말 오랜 시간 동안 노력해 온 셈이 됩니다. 그렇다면 오늘날, 우리 지구의 환경은 더 깨끗해졌을까요? 세계 곳곳의 위기 상황은 좋아졌을까요?

불행하게도 환경오염과 이상기후 현상은 더 심각해지고 있고, 환경을 보호하기 위한 우리 개개인의 노력은 과거와 크게 달라지지 않았습니다. 환경오염을 막기 위해 각자의 편리함을 양보하고, 실질적인 삶 속에서 불편을 감수하려는 실천이 필요한 때입니다.

{ 바다와 큰 사람

트렌트 재미슨(Trent Jamieson) 글. 로비나 카이(Rovina Cai) 그림. 정경임 옮김. 지양어린이
추천 대상: 3~4학년 }

'2021년 8월 25일부터 8월 27일까지 단 사흘 동안, 약 184억 톤의 얼음이 그린란드에서 사라졌다고 덴마크 기상청은 밝혔습니다.' 『바다와 큰 사람』 서문을 시작하는 글입니다.

바다를 지키고 있는 큰 사람은 지구온난화로 바닷물이 끓어오르고 있는 것을 발견하고 사람들에게 기계를 멈추라고 경고합니다. 하지만 기계를 옹호하는 사람들은 큰 사람의 말을 무시합니다. 돈을 벌고 생활을 유지하기 위해서는 기계를 멈출 수 없다는 것입니다. 어느 날, 한동안 아무런 문제 없이 지내던 마을에 큰 파도와 해일, 재앙이 닥칩니다.

학생들은 『바다와 큰 사람』에 등장하는 인물들의 생각과 행동을 보며 환경오염과 지구온난화에 대해 어떤 태도를 가져야 할지 생각해 보게 됩니다. 또, 세계 환경의 날에 매해 그 해의 주제를 선정하고 실천하는 것처럼, 투표를 통해 우리 반 환경 보호를 위한 주제를 선택하고 실천해 보는 시간을 갖도록 합니다.

1. 『바다와 큰 사람』에 나오는 등장인물 살펴보기

『바다와 큰 사람』에 나오는 등장인물을 살펴봅니다. 바다를 지키고 있는 '큰 사람', 큰 사람의 말을 따르려는 '소녀와 소녀의 가족', 돈을 벌고 살아가기 위해 기계를 포기하지 못하는 '도시 사람들', '신문기자들'로 나누어 인물의 입장과 생각을 적어봅니다.

2. 기계 사용에 대한 내 생각 표현하기

그림책 속의 바다가 끓어오르는 이유는 '화석연료를 사용하는 기계'입니다. 하지만 기계를 옹호하는 사람들은 기계를 멈추면, 돈을 벌 수 없게 된다고 합니다. 기계를 멈추어야 할까요, 아니면 그냥 사용해야 할까요?

기계 사용에 대한 내 생각은 어떤지 학습지 2번에 동그라미 한 후, 칠판에 포스트잇으로 ①~⑩까지의 수치에 표시합니다. 숫자 0은 기계를 전혀 사용하지 않는다는 것이고, 숫자 10은 기계를 제약 없이 사용한다는 뜻입니다.

환경오염을 막기 위해서는 기계를 사용하지 않아야 하지만, 현실적으로 여러 가지 기계를 사용해야 일상적인 삶이 가능하기도 합니다. 에어컨, 가스보일러, 휴대전화 등으로 기계를 바꾸어 생각해 보도록 하면, 학생들은 실질적인 고민을 하기 시작합니다. 이 활동은 막연히 '기계를 사용하면 안 된다'라는 정해진 답을 찾는 활동이 아니라, 삶 속에서 실질적으로 일어날 수 있는 갈등 상황에 대해 고민해 보도록 하는 것이 중요합니다.

기계 사용에 대한 내생각 표시하기

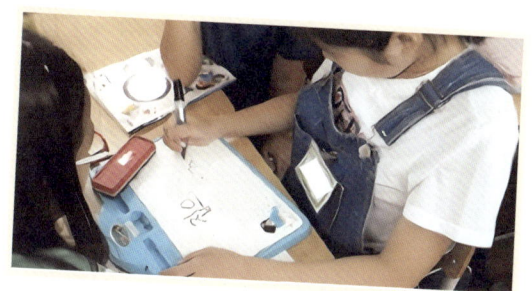

3. '우리 반 환경의 날' 주제 정하고 실천하기

우리가 환경오염을 막기 위해 실제로 실천할 수 있는 일은 어떤 것이 있을까요? 먼저 내 생각을 학습지 3번에 적어보고, 투표를 통해 '우리 반 환경의 날' 실천 주제를 정합니다. 에어컨 온도 1도 올리기, 분리배출 잘 실천하기, 양치 컵 사용하기, 이면지 사용하기, 급식 남기지 않기 등 우리 교실에서 실천할 수 있는 내용으로 의견을 제시하도록 지도합니다.

3. '내가 생각하는 우리반 환경 보호의 날'의 실천 주제를 쓰고 발표해 봅시다.

　　분리 수거한 플라스틱으로 미술 만들기 하기

4. 우리반에서 정한 '우리반 환경 보호의 날'의 실천 주제는 무엇인가요?

　　양치할 때 양치컵 사용하기

 그림책 활동 팁!

우리 반 환경 보호의 날을 정합니다

<우리 반 환경 보호의 날>에는 지금 잘 실천되고 있는 활동들이 아니라, 우리 반에서 잘 실천되고 있지 않는 실질적인 일들을 찾을 수 있도록 합니다. 여러 가지 다양한 의견이 나왔다면 굳이 한 가지만 정하지 말고, ○○주간을 정해서 몇 주에 걸쳐서 다양한 활동을 실천해보는 것도 좋습니다. 동학년에서 같이 실천할 수 있는 학교 분위기라면 여러 주제를 다른 반 친구들과 함께 실천해 봐도 좋습니다.

함께 읽으면 좋은 그림책

『**할머니의 용궁여행**』의 주인공인 해녀 할머니는 광어를 따라 용궁 여행을 하게 됩니다. 하지만, 할머니가 도착한 용궁은 전래동화에 나오는 멋진 용궁이 아니었습니다. 바다 환경오염으로 용궁에 살고 있는 바다 생물들은 모두 몸과 마음이 아픈 상태입니다. 용감한 해녀 할머니의 그물주머니에는 바다를 오염시킨 쓰레기들이 가득 담기게 됩니다. 용감하고 유쾌한 할머니의 이야기를 들으며, 바다를 지킬 용기와 힘을 얻을 수 있을 것입니다.

_ 권민조 글·그림. 천개의 바람

『**우리 곧 사라져요**』는 민팔물고기가 가족들을 찾아 나서는 이야기로 시작하는 그림책입니다. 환경오염의 위험성에 관한 이야기로 시작해, 위기감을 느낄 수 있는 작은 반전을 담고 있습니다. 학생들은 그림책 속 생물들의 이야기로만 생각했던 '환경오염', '멸종'이라는 단어를 무게감 있게 고민하고, 사람들도 환경오염으로부터 안전하지 않다는 것을 생각해 볼 수 있습니다.

_ 이예숙 글·그림. 노란상상

6/8

세계 해양의 날
World Oceans Day

지구의 산소는 대부분 어디에서 공급되고 있을까요? 학생 대부분은 숲이라고 생각하지만, 놀랍게도 지구의 산소 70%는 바다 숲 조류의 광합성 작용으로 생산되고 있습니다. 바다는 여러 해산물과 물고기, 소금 등을 공급하는 이외에도 산소를 공급하고, 지구의 열을 보관하고 내보내는 등 중요한 역할을 하고 있습니다.

피서철이나 여행지로서만 바다를 접했던 아이들, 오랜 시간 동안 바다를 바라볼 기회가 없었던 아이들은 바다의 다양한 아름다움과 신비한 바다의 생명체들을 잘 모를지도 모릅니다.

'세계 해양의 날 World Oceans Day'은 바다의 소중함을 일깨우기 위해 2008년 유엔 UN에 의해 기념일로 채택되었습니다. 세계 해양의 날에는 시시각각 변하는 바다와 바다생물의 아름다움, 심해 바다의 신비로움, 바다를 삶의 터전으로 살아가는 사람들의 이야기, 플라스틱 쓰레기와 어업 쓰레기로 오염된 바다, 바다를 보호하기 위한 노력 등 광범위한 주제로 바다의 소중함을 일깨울 수 있습니다.

{ 바다의 색

수수아 글·그림. 팜파스
추천 대상: 3~6학년

바다의 색은 시시각각 다양하게 변합니다. 햇빛의 각도나 날씨, 바닷속 생태환경에 따라서도 다른 색으로 보이기도 합니다.

어느 날, 갑자기 검게 변한 바다의 색. 주인공은 그 원인을 알아보러 바닷속으로 들어갑니다. 바다는 왜 갑자기 검은색으로 바뀌게 되었을까요?

『바다의 색』을 읽으면, 첫 페이지 그림부터 약간의 긴장감이 도는데, 어두운 바다의 색을 부각해 자연스레 오염된 바다, 위기의 바다는 어떨지 생각해 보게 됩니다. "왜 바다만 검게 변했을까?"라는 대목에서 학생들은 오염된 바다를 떠올리게 됩니다. 오염된 바다와 원래의 아름다웠던 바다를 비교해 보며, 해양오염에 대한 경각심을 키울 수 있을 것입니다.

1. 바다의 소중함   PPT

　학생들에게 바다에 가 본 적이 있는지, 바다를 아름답다고 느낀 적이 언제인지 물어봅니다. 학생들은 일출을 보았던 것, 노을을 바라보았던 것 등의 경험을 말합니다. 하지만 바닷가에 사는 경우가 아니라면 바다를 오랫동안 관찰했다거나 시시각각 변하는 다양한 바다의 모습을 모를 수도 있습니다. PPT 자료 속 내용과 바다의 모습을 살펴보며 바다의 소중함을 일깨우고, 바다의 아름다움을 느끼게 합니다.

2. 바다의 오염원인 알아보기   학습지   PPT

　그림책에 나오는 주변의 모든 곳은 푸르른데 "왜 바다만 검게 변했을까?"라는 부분을 살펴보며, 실제로 바다가 오염되는 이유를 생각해 봅니다. 그림책에서는 하늘을 담고 있던 바다가 시간이 지나면서 다시 원래의 색으로 회복되었지만, 우리의 바다는 여러 가지 오염으로 인해 아직도 제 색깔로 돌아오지 못하는 예도 있습니다. PPT 자료 속 오염된 바다의 모습을 살펴보고 학습지에서 바다가 오염되는 원인을 찾아 색칠해 봅니다. 정답을 다 색칠하면 하트모양이 나오게 됩니다.

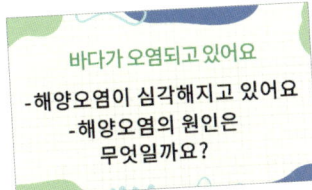

3. 내가 그리는 바다의 색은?

'내가 머릿속에 그리는 바다의 색'은 어떤 색인지 생각해 보게 합니다. 바다의 색은 때때로 아름다운 빨간색, 회색, 푸른색이 되기도 합니다. 깨끗한 바다, 내 마음속에 있는 바다는 저마다 다를 수 있습니다. 새파랗기도 하고, 파랗다 못해 검기도 하고, 투명하게 맑은 파란색이거나 분홍빛이 도는 투명한 색일 수도 있습니다. 자신이 그리는 바다에 제목을 붙이고, 그림의 뒷면 등을 활용하여 설명을 쓰고 발표하도록 합니다. 발표를 어려워하는 경우, 짝 활동으로 구성하여 생각을 표현해 볼 수 있도록 합니다.

바다의 색을 그릴 때, '나의 다양한 생각과 감정을 담아서 그리라'고 설명해 주면, 좀 더 다양하고 자유로운 바다색을 그립니다. 폭풍우치는 바다를 그리거나 솜사탕같이 예쁜 바다를 그리는 학생도 있습니다. 표현의 자유를 허용하는 수업 분위기가 되도록 이끄는 것이 중요합니다.

어두운 바다

평온한 바다의 색

활기찬 바다의 색

# 그림책 활동 팁!

내가 그리는 바다의 색은?

내가 좋아하는 색으로 바다를 그려보는 활동입니다. 그림을 그릴 때는 '바다는 파란색'이라는 고정된 생각을 버리고, 다양한 색깔의 바다를 상상할 수 있도록 교사가 분위기를 이끌어 주는 것이 중요합니다. 만약 교사가 다양한 바다의 색에 관해 설명하기 어려운 경우에는 바다를 표현한 미술 참고 작품을 보여주는 것도 좋습니다. 그림을 다 그린 후에는 자신의 그림에 '어두운 고민의 바다', '활기차고 밝은 바다' 등 [바다+생각과 감정]이 포함된 제목을 꼭 붙일 수 있도록 지도합니다. 그림에 이름을 붙이는 활동을 통해, 바다에 대해 가졌던 막연했던 생각들이 구체화되면서, 더 애정을 갖게 됩니다.

함께 읽으면 좋은 그림책

『문어바다 변신마을』의 문어들은 자신을 보호하기 위해 색깔과 무늬를 자유자재로 바꿀 수 있습니다. 하지만 주인공 핑키만은 변신할 수가 없습니다. '변신'할 수 없는 핑키는 주변의 쓰레기를 이용해 '변장'을 하기 시작합니다. 자존감을 찾아가는 핑키의 이야기를 통해, 바다생물인 문어의 변신에 대해 흥미를 갖고, 바다 쓰레기로 변신하는 핑키의 모습을 보며 바다 생태계의 오염에 대해서도 함께 고민해 볼 수 있습니다.

_ 남미리 글·그림. 아스트로이드북

『반짝이는 섬』에는 새집을 찾고 있는 꼬마 소라게가 등장합니다. 꼬마 소라게는 항상 좋은 껍데기를 찾아 열심히 헤매지만, 매번 다른 소라게들에게 밀려 조개껍데기를 차지하지 못합니다. 그러다가 처음 본 신기한 껍데기를 쓴 소라게를 만났는데, 바로 페트병 뚜껑입니다. 페트병 뚜껑을 찾아 페트병 안으로 들어간 소라게는 꼭 맞는 껍데기를 찾아 쓰고 행복해하지만, 미끄러운 바닥 때문에 바깥으로 나오지 못해요. 실제로 수많은 소라게가 플라스틱 페트병에 갇혀 떼죽음을 당하고 있습니다. 멀리서 보면 반짝여 보이는 아름다운 섬이지만 그 속에 해양오염으로 고통을 받는 수많은 생물이 살고 있음을 알려줍니다.

_ 장준영 글·그림. 계수나무

6/17

세계 사막화 방지의 날
World Day to Combat Desertification and Drought

세계 여러 나라의 집을 알아보는 시간, 교과서에는 몽골의 게르를 소개하며 '풀이 자라는 넓은 초원이 있어서 가축을 키우기 좋다'는 설명이 쓰여 있었습니다. 수업을 하며 오늘 아침에 본 기사가 떠오릅니다. '요즘 뜨는 관광지 몽골. 몽골하면 푸른 평원이 먼저 떠오르지만, 현실은 국토 77%가 사막화 영향을 받는 기후 위기 최전방'이라는 기사였습니다.

매년 6월 17일은 '세계 사막화 방지의 날World Day to Combat Desertification and Drought'입니다. 이날은 사막화 문제를 인식하고, 이를 해결하기 위해 우리가 어떤 노력을 기울여야 하는지를 상기시키는 날입니다. 사막화란 무엇일까요? 간단히 말해, 땅이 점점 사막처럼 변해가는 현상을 의미합니다. 이 현상은 주로 기후변화와 인간의 활동 때문에 발생합니다. 학생들에게는 다소 생소한 개념인 사막화에 대해 알아보고, 전 세계의 사막화 현상에 관심을 가지는 계기가 되길 바랍니다.

{ 다시 초록 섬

다니엘 몬테로 갤런(Daniel Montero Galan) 지음. 유영초 해설. 한울림어린이
추천 대상: 1~4학년 }

넓은 바다에 곰과 염소와 황새들이 어울려 지내는 평화로운 초록 섬이 있습니다. 어느 날, 한 뱃사공이 나룻배를 타고 와 작은 집을 짓고 낚시하고 텃밭을 일구며 지냅니다. 얼마 후, 많은 사람을 태운 커다란 배가 이 섬에 찾아옵니다. 그들은 제멋대로 국기를 꽂고 땅을 차지하더니 점점 더 많은 건물과 공장을 짓습니다. 어느덧 섬은 완전히 초록빛을 잃어버리고 뱃사공은 풀과 나무와 곰과 염소, 황새를 데리고 섬에서 탈출합니다.

『다시 초록 섬』은 인간이 환경을 파괴하는 과정을 보여주는 글 없는 그림책입니다. 장면마다 다양한 요소들이 가득 담겨있어 글이 없어도 학생들과 함께 많은 이야깃거리를 찾을 수 있습니다. 이 책은 인간의 탐욕으로 한순간에 잿더미가 된 초록 섬 이야기를 통해 우리에게 경고의 메시지를 전하고 있습니다. 한순간에 멸망했던 섬이 다시 초록 섬이 되어가는 모습을 보며, 지구가 다시 초록 섬이 되려면 우리는 무엇을 해야 할지 함께 고민해 보고자 합니다.

1. 사막화 현상에 대해 알아보기　　　　　　　　　　　PPT

　사막화 현상은 학생들에게 다른 환경문제에 비해 생소한 개념입니다. 그림책을 읽은 후 PPT를 활용해 사막화 현상의 원인과 그로 인한 피해에 대해 함께 알아봅니다. 사막화의 원인은 지속적인 가뭄, 기후변화와 같은 자연적인 요인과 인간의 무분별한 산림 파괴, 과도한 토지 이용과 같은 인위적인 요인이 있습니다. 사막화 현상에 대한 전반적인 개념을 정리하고 그 심각성에 대해 고민해 봅니다.

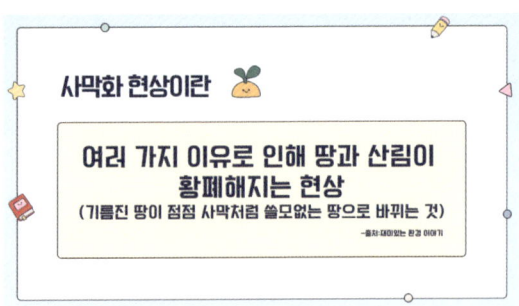

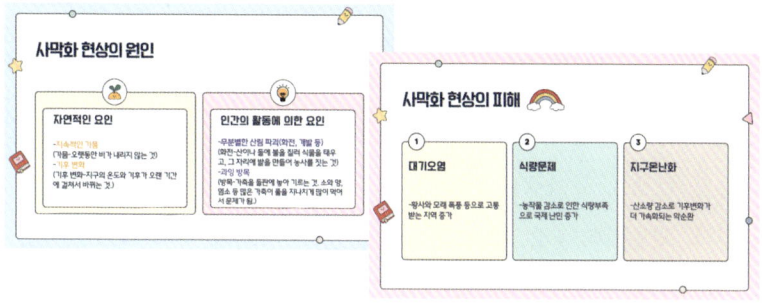

2. 나만의 초록 섬에 필요한 것

활동 1에서 사막화 현상의 심각성에 대해 생각해 본 후, 다시 초록 섬을 만들기 위해 필요한 것을 함께 고민해 봅니다. 『다시 초록 섬』은 절망만을 이야기하고 있지 않습니다. 망가졌던 섬이 다시 초록빛을 되찾은 것처럼, 우리가 살고 있는 지구를 다시 살리려면 어떻게 해야 하는지 브레인스토밍을 통해 전체적으로 함께 의견을 나누어 봅니다. 각자 학습지에 다시 초록 섬으로 만들기 위해 필요하다고 생각하는 것, 나만의 초록 섬에 있었으면 하는 것을 최대한 구체적으로 적어봅니다. 이때, 상상의 요소가 가미된 의견들도 적극적으로 수용합니다.

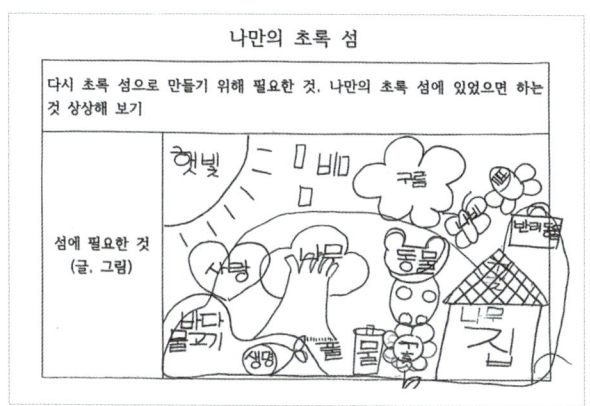

3. 나만의 초록 섬 만들기

학습지

'해피 아일랜드 디자이너 Happy Island Designer'라는 사이트를 이용해 나만의 초록 섬 만들기 활동을 합니다. 이 사이트는 회원가입 없이 누구나 이용할 수 있는 사이트로, 간단하게 마을을 만들어 볼 수 있는 웹사이트입니다. 태블릿이나 PC에서 인터넷을 켠 후, 검색창에 '해피 아일랜드 디자이너 Happy Island Designer'를 검색하면 홈페이지를 찾을 수 있습니다. 홈페이지에 접속한 후, 활동 2에서 필요하다고 생각한 요소들이 포함될 수 있도록 나만의 초록 섬을 만들어 봅니다.

섬을 만든 후, 학습지에 섬의 이름과 섬에 대한 간단한 소개를 적고, 나만의 초록 섬을 공유하는 시간을 갖습니다. 학생들의 작품을 공유하는 방법은 여러 가지가 있습니다. 갤러리 워크 Gallery Walk 활동으로 태블릿과 학습지를 책상 위에 올려둔 뒤, 친구들의 자리를 돌아다니며 서로의 작품을 감상합니다. 또는 각자의 작품을 저장한 후 패들렛 Padlet에 올려 서로의 작품에 대한 의견을 공유할 수도 있습니다.

출처: 해피 아일랜드 디자이너

그림책 활동 팁!

협동화 그리기 활동으로 대체할 수 있습니다 학습지

태블릿 사용이 어려운 학급은 협동화로 나만의 초록 섬을 만들어 볼 수 있습니다. 사막화된 섬 사진을 A1 크기로 인쇄하여 모둠별로 협동하여 초록 섬을 꾸밉니다. 초록 섬을 만들기 위해 필요하다고 생각한 것을 이면지에 그리고 오려 붙이면 여러 명이 함께 초록 섬을 꾸밀 수 있습니다.

함께 읽으면 좋은 그림책

『**다시 살아난 초록섬**』은 오래전 나무들이 울창했고 새들이 노래하던 작은 섬, 지금은 아무도 살지 않는 황폐해진 그 섬을 다시 생명이 살아 숨 쉬는 초록 섬으로 만들기 위해 노력하는 모습을 은유적으로 표현한 그림책입니다.

_ 잉그리드 샤베르(Ingrid Chabbert) 글. 라울 니에토 구리디(Raul Nieto Guridi) 그림. 피카주니어

『**우리 마을이 사막으로 변해가요**』는 사막으로 변해가는 아프리카 케냐의 한 마을에서 일어난 이야기를 담고 있는 그림책입니다. 그곳에 사는 소년 미노이는 선생님이 꿈이지만 학교 대신 매일 아침 물통을 이고 물을 기르기 위해 먼 길을 떠납니다. 미노이의 일상을 통해 사막화의 심각성을 느낄 수 있습니다.

_ 유다정 글. 황종욱 그림. 미래

6/20

세계 난민의 날
World Refugee Day

우리는 주변의 많은 것들을 당연하게 여기며 살아갑니다. 이를테면, 안전한 집과 학교, 따뜻한 식사, 가족과 친구들……. 하지만 우리가 사는 곳이 더 이상 안전하지 않다면 어떨까요? 그동안 당연하게 누렸던 일상이 꿈처럼 사라질 것입니다. 지금 이 시각에도 세계 여러 나라에서는 다양한 이유로 안전한 삶의 터전을 잃고 고통을 겪는 사람들이 있습니다. 바로 난민입니다. 전쟁에서 비롯된 정치적 난민뿐만 아니라, 심각한 기후 변화로 인한 기후난민이 급증하고 있습니다. 난민이 처한 어려움을 외면하지 않는 태도가 필요한 때입니다.

1975년 아프리카 단결기구에서는 6월 20일을 아프리카 난민의 날로 정하였습니다. 이후 더욱 많은 국가와 세계 시민들의 동참을 끌어내기 위해 같은 날을 세계 난민의 날 World Refugee Day로 정하여 기념하고 있습니다. 매년 6월 20일, 세계 난민의 날에는 유엔난민기구, 여러 비정부기구가 난민을 위해 실천하는 활동을 널리 알립니다. 또한 난민이 처한 어려움을 해결하기 위한 다양한 방법을 모색하고 있습니다.

{ 집으로 돌아가는 길

리타 시네이루(Rita Sineiro) 글. 라이아 도메네크(Laia Domenech) 그림.
김현균 옮김. 비룡소
추천 대상: 전 학년

}

『집으로 돌아가는 길』은 폐허에서 탈출하여 희망을 좇는 난민 가족의 이야기입니다. 리타 시네이루는 2015년 시리아 내전 중 튀르키예 해변에 떠밀려 온 어린 아이 알란의 기사를 보고나서 이 이야기를 쓰기 시작했다고 합니다. 비극 속에서도 희망을 잃지 않는 아이의 순수한 시선을 그림에 담아냈습니다. 외로움과 고통이 담긴 그림 위에 펼쳐지는 아이의 천진난만함을 보며, 많은 사람들이 난민이 맞닥뜨린 안타까운 현실에 대해 많은 관심을 가지길 바랍니다.

지금도 전쟁과 기후 위기는 무고한 사람들의 평화를 깨뜨립니다. 어린이들은 절망적인 상황에서 무력하게 고통을 겪습니다. 세상의 어린이들이 모두 안전하게 사는 것은 아니며, 내가 겪는 평화로운 하루가 누군가에게는 애타게 그리워하는 하루일 수 있습니다. 그림책 활동을 통해 '세계 난민의 날'의 의미를 되새겨보고자 합니다.

1. 말 주머니 채우기

그림책을 읽기 전, 책을 활짝 펼쳐서 앞표지와 뒤표지를 함께 살펴봅니다. 무거운 짐을 진 사람들이 끝없이 줄지어 서 있습니다. 이 사람들은 어디로 가기 위해 서 있는 것일지, 이들의 집은 어디일지 함께 이야기해 봅니다. 표지 그림의 사람들 얼굴에는 표정이 없습니다. 학생들과 함께 표지 안 사람들의 표정과 감정, 속마음을 떠올려봅니다. 이를 말 주머니 포스트잇에 채워서 그림책 표지에 직접 붙여봅니다. 그림책을 다 읽고 나서 다시 표지를 본다면, 더 깊은 공감을 불러일으킬 수 있을 것입니다.

2. 기후난민을 위한 학급 약속

유엔기후변화협약^{UNFCCC}에 따르면 2008년 이후 매년 약 2150만 명의 기후난민이 발생했다고 합니다. 이대로 간다면, 2050년에는 기후난민의 수가 1억 명에 달할 수도 있습니다. 저위도 지역의 사람들은 해수면 상승으로 인해 삶의 터전이 사라졌고, 고위도 지역의 사람들은 산림 훼손과 사막화 때문에 살 곳을 잃고 있습니다. 선진국과 대기업들이 환경을 오염시키고 기후 위기를 초래하고 있지만, 그 피해는 고스란히 저개발 국가에서 받는 것입니다.

학급 회의를 통해 기후난민을 위한 학급 약속을 정해봅니다. 다함께 생각을 모으는 과정에서, 기후난민이 겪는 어려움이 우리에게서 비롯된 것임을 이해하는 것이 중요합니다. 더 나아가, 기후위기를 막기 위한 작은 행동들을 떠올리고 이를 직접 실천해야 합니다. 학급 약속을 정하고 나면, 교실 칠판 가운데에 약속을 적어둡니다. 약속 옆에는 행동을 실천한 학생 수를 매일 표시합니다. 실천 기간이 끝나고 나면, 각자의 경험과 생각을 다시 나눕니다. 이를 통해, 우리의 행동들이 모여 큰 변화를 이룰 수 있기를 바랍니다.

3. 꿈을 담은 발자국

『집으로 돌아가는 길』의 난민 어린이는 안전한 곳에서 살기 위해 끝없이 걷고 걷습니다. 하지만 난민 어린이를 받아주는 나라는 없습니다. 아이는 난민 수용소에서 여전히 줄을 서고 먼 거리를 걸으며 배고픔과 소란 속에서 살아갑니다. 밥을 먹는 것도, 몸을 씻는 것도, 학교에 다니는 것도, 난민 어린이에게는 줄을 서고 기다려야만 허락되는 것입니다. 흙바닥에는 아이의 발자국이 묵묵히 새겨집니다. 난민 어린이는 행복한 아이들이 사는 세상을 상상하고 꿈꾸며 막막한 현실을 버텨냅니다.

도화지에 자기 발을 따라 그려서 오립니다. 이렇게 만든 발자국 모양 종이에 난민 어린이가 바라는 세상을 그려봅니다. 그 세상은 우리가 당연하게 누리던 것들이 있는 세상일 것입니다. 학생들이 함께 완성한 '꿈을 담은 발자국'으로 긴 줄을 만들어, 그 발자국의 끝엔 아이의 행복이 있기를 함께 바라보기로 합니다.

그림책 활동 팁!

그림책의 마지막 장에 있는 글을 교실에 게시하여 함께 읽어봅니다

그림책 마지막 장에는 난민을 돕는 사람들에 대한 정보가 담겨 있습니다. 작가가 그림책을 만들기 전에 접했던, 꼬마 알란의 이야기도 들어있습니다. 이러한 정보를 교실에 게시한다면, 학생들이 난민에 대해 더 잘 이해할 수 있을 것입니다.

난민에 대해 단순히 불쌍한 사람들이라고만 여기는 것은 지양합니다

난민이 겪는 어려움에 대해 제대로 알고 이해할 수 있도록 수업을 진행하면 좋겠습니다. 가난하고 불쌍한 사람들이라는 단순한 생각으로 난민을 대하는 것은 지양합니다. 이러한 불행이 생기게 된 원인에 대해 살펴보고 이를 막기 위해 어떤 노력이 필요한지 생각해보도록 합니다.

함께 읽으면 좋은 그림책

『**마지막 섬**』은 자연과 평화롭게 공존하던 노인의 터전이 대기 오염과 해수면 상승으로 위협받는 과정을 담은 그림책입니다. 노인은 자신이 겪는 위기가 도시 개발과 환경오염 때문이라는 것을 뒤늦게 목격합니다. 우리가 있는 지금 이곳이 바로 마지막 섬일지 모릅니다. 그림책을 통해 우리가 멀게만 느끼는 기후 난민이, 실제로는 우리의 잘못에서 비롯되었으며, 결국 우리의 생존을 위협한다는 것을 알 수 있습니다.

_ 이지현 그림. 창비

『**내가 라면을 먹을 때**』는 안전한 집에서 평화롭게 라면을 먹는 어린이의 모습을 보여줍니다. 하지만 내가 라면을 먹을 때, 내 이웃의 어린이, 내 이웃 나라의 어린이, 멀고 먼 나라의 난민 어린이는 나와 다른 일상을 살아갑니다. 다양한 나라의 아이들을 바라보며, 우리는 언제 어디서나 이어져 있다는 것을 생각해 볼 수 있습니다.

_ 하세가와 요시후미 글·그림. 고래이야기

6/28

철도의 날

　기차는 우리 삶에서 빼놓을 수 없는 소중한 교통수단입니다. 폭우나 폭설이 내리거나 도로가 정체될 때 승용차와 버스가 발이 묶이는 것에 비해 기차는 비교적 무리 없이 운행합니다. 이는 역무원을 비롯해 교통 관제사, 선로 보수원, 토목 산업 기사 등 여러 종사자의 노력 덕분입니다. 그렇다면 언제 처음으로 우리나라에 철도가 생겼을까요?

　1899년 최초의 철도인 경인선을 시작으로 1905년 경부선이 개통되면서, 꼬박 일주일이 걸리던 서울과 부산까지의 이동시간이 17시간으로 단축되었습니다. 비록 철도 개발은 일제강점기 수탈의 과정에서 시작되었지만, 1960년대 이후 지역 간 철도망이 확대되면서 대한민국의 경제는 비약적으로 성장했습니다. 아울러 기차는 자동차와 비행기 등 다른 교통수단보다 훨씬 효율적이고 친환경적입니다. 국제에너지지구IEA에 따르면, 승객 1명을 1km 이동시키는데 비행기는 255g, 자동차는 171~192g의 탄소를 배출하는 반면 철도는 6~41g을 배출하는 것으로 나타났습니다. 대한민국의 기념일로 지정된 철도의 날을 통해 우리 생활 속에서 경험할 수 있는 철도의 의의를 되새기고 기후위기를 맞아 철도가 나아가야 할 방향에 대해 생각해 봅니다.

{ 기차 타고 떠나는 여행

마고 린(Margo Linn) 글. 브라이언 피츠 제럴드(Brian Fitzgerald) 그림.
달보름 옮김. 키즈엠
추천 대상: 4~6학년

　『기차 타고 떠나는 여행』의 주인공 가족은 매일 아침 기차에 몸을 싣습니다. 역 안에는 기차를 타고 일터나 여행을 가는 사람들 그리고 기차를 운행하거나 수리하는 사람들이 보입니다. 열차가 주인공 가족의 목적지까지 가는 동안, 창밖으로 다양한 풍경이 펼쳐집니다. 기차 안팎을 그린 장면은 마치 기차를 타고 여행을 가는 것 같은 느낌이 들게 합니다. 제법 상세히 표현된 그림책 장면에서 다양한 승객들, 기관사 그리고 역무원의 여러 모습을 찾아볼 수 있습니다. 그림책을 읽으며 기차를 타 본 경험을 나누고, 다른 교통수단과 공통점과 차이점을 찾아보며 교통수단으로서 열차의 의의를 되새겨 봅니다.

1. 옛날과 오늘날의 기차, 변화와 특징 살펴보기

학습지

『기차 타고 떠나는 여행』의 면지에는 여러 가지 표지판이 가득 그려져 있습니다. 그중에서 열차 표지판은 오늘날 운행하지 않는 증기기관차로 표현되었습니다. 학생들과 함께 면지에 나온 열차 표지판을 그림책 장면 속에서 찾아봅니다. 그리고 증기기관차, 디젤전기기관차, 고속열차 등 시대별 열차 변천 과정을 살펴보며 각 열차의 모습과 특징을 비교해 봅니다. 지금은 운행하지 않는 기차들을 옛날 기차로, 아직 활발하게 운행하는 기차들은 오늘날의 기차로 분류하며 생김새나 모양, 특징을 살펴보며 기차에 대해 자세하게 이해해 봅니다. 학생들이 직접 열차에 대해 조사할 수 있고, 학습지에 제시한 철도의 역사 자료를 참고할 수 있습니다.

우리나라 최초 증기기관차
(1899년)

KTX-청룡 (2022년)
한국철도공사 고속철도

2. 기차와 다른 교통수단 비교해 보기

도로를 달리는 자동차와 달리 기차는 교통체증이 없어 정확한 시각에 운행하고, 먼 거리를 비교적 빠르게 이동할 수 있는 장점이 있습니다.

실제 일상 속에서 자주 이용하는 길 찾기 애플리케이션을 통해 각 교통수단에 따른 이동시간을 비교해 봅니다. 학생들은 걸어가거나 자전거, 자동차 또는 버스를 타고 갈 때와 기차를 이용할 때의 소요 시간과 경비를 비교할 수 있습니다.

우선 컴퓨터나 스마트폰을 이용하여 길 찾기 애플리케이션을 실행합니다. 출발지와 도착지를 설정하고 나서 자동차, 버스, 기차, 도보나 자전거 등 탭을 누르며 시간과 경비의 차이를 알아봅니다. 또한 애플리케이션에서 이동 경로와 함께 제공되는 지도를 통해 이동 거리를 가시적으로 확인할 수 있습니다.

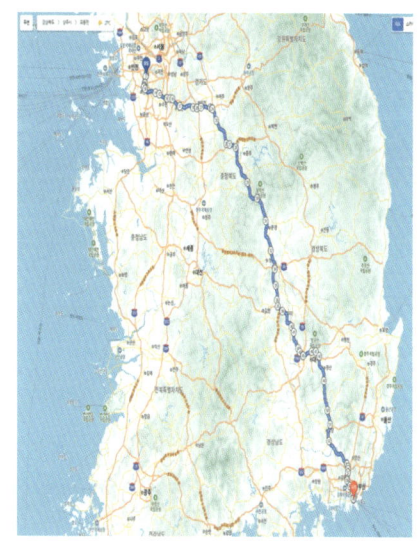

https://map.kakao.com/ (카카오맵)

이와 함께 자동차, 버스, 비행기 그리고 기차를 탈 때 발생하는 탄소 배출량을 조사하며 철도의 친환경성에 대해 알아볼 수 있습니다. 탄소의 배출을 줄이고, 탄소중립을 실현하는 것은 환경을 지키기 위해 매우 중요한 과제입니다. 여행할 때 어떤 교통수단을 이용하는 것이 환경에 도움이 될지 직접 탄소 배출량을 통해 살펴봅니다.

한국기후환경 네트워크(https://www.kcen.kr/tanso/intro.green)나 탄소나무계산기(http://116.67.44.68/fcr_web/resources/carbon_calc/html/main.html)에 접속하여 여행 시 이동 거리와 운송수단을 입력하면 교통수단별 탄소배출량을 확인합니다. 예를 들어 광명역에서 부산역까지 이동거리인 396.1km을 입력했을 때, 철도의 경우에는 11kg이 배출되고, 가솔린 자동차의 경우에 중·소형차는 59kg, 승합차는 76kg, 대형차는 85kg이 배출되는 것으로 나옵니다. 기후 위기에 교통수단으로서 철도가 갖는 중요성과 함께 효율성에 대해 이야기 나눌 수 있습니다.

3. 친환경 미래 기차 디자인하기

앞의 활동에서 기차와 다른 교통수단을 비교해 보았다면, 이번에는 미래의 친환경 기차를 디자인하는 활동을 합니다. 자동차의 경우에는 친환경 연료를 사용하는 전기차, 수소차 또는 정보통신기술을 이용한 스마트 자동차가 주목받고 있습니다. 학생들과 함께 미래의 기차에 도입하고 싶은 첨단 기술, 인공지능 기술에 대해 자유롭게 의견을 나눕니다. 그 후 기차의 도안에 친환경적인 요소를 갖춘 미래 기차의 모습과 특징을 표현합니다. 완성한 후에 교실에 게시하여 다양한 기차의 모습과 특징을 살펴보는 것도 좋습니다. 특히 학생들이 만든 기차 도안을 모두 연결하여 전시한다면, 각자의 작품을 살펴보는 동시에 학급기차를 완성할 수 있습니다.

열차 이름	키즈존 열차 (점핑기차)
특징	평소에는 전기 배터리로 운행하다가 전기를 충전할 때 키즈존의 덤블링에서 전기를 얻는다. "점핑타임!"이 시작되면 아이들과 부모님이 즐겁고 신나게 뛴다. 에너지가 배터리로 충전된다.

그림책 활동 팁!

기차의 특징과 변천 과정을 조사할 때는 다양한 자료를 이용합니다

철도 산업정보센터(www.kric.go.kr)와 철도박물관 온라인 누리집(www.rail-roadmuseum.co.kr)을 방문해 보세요. 열차의 변천 과정, 철도 유물 그리고 철도의 종류별 특징에 관한 다양한 정보를 살펴볼 수 있습니다.

교사가 자료를 정리하여 보여주는 것보다 학생들이 직접 누리집을 살펴보며 조사해보는 것이 좋습니다. 아울러 아이들과 함께 경기도 의왕시에 있는 철도박물관에 직접 방문하여 체험학습을 하는 것도 추천합니다.

함께 읽으면 좋은 그림책

『기차 타고 부산에서 런던까지』는 부산에서 출발해 러시아, 독일, 벨기에, 프랑스를 지나 영국에 도착하는 여행기를 담고 있어요. 기차를 타고 세계여행을 할 수 있다면 얼마나 즐거울까요? 각국의 랜드마크 및 유적지와 볼거리를 풍부하게 싣고 있어서 세계여행을 하는 기분마저 듭니다. 또한 그림책 속에 나오는 다양한 형태의 기차를 살펴보는 재미도 느낄 수 있답니다.

_ 정은주 글. 박해랑 그림. 키다리

7/3

세계 일회용 비닐봉지 없는 날
Plastic Bag Free Day

일회용 비닐봉지는 이제 우리의 일상생활에서 필수적인 존재가 되었습니다. '가장 유용한 발명품인 동시에 인류의 재앙'이라는 별명을 갖는 비닐봉지는 사실 환경보호를 위해 만들어진 발명품이었습니다. 1959년 스웨덴의 공학자 구스타프 툴린 Sten Gustaf Thulin 은 종이봉투를 만드는데 많은 나무가 베어 없어지는 것을 걱정하며 이를 대체하기 위해 플라스틱 비닐을 만들었습니다. 질기고 잘 찢어지지 않으니 사람들이 여러 번 재사용할 것이라고 기대했습니다. 하지만 그의 생각과 달리 비닐봉지는 쉽게 버려지는 일회용품이 되어버렸습니다.

유엔환경계획에 따르면 전 세계적으로 매년 5조 개의 비닐봉지가 사용되며, 부끄럽게도 우리나라의 사용량은 세계 최고 수준입니다. 플라스틱 비닐봉지의 평균 사용시간은 20분이지만, 썩기까지 무려 500년 이상이 걸립니다. 또한 해양 쓰레기 대부분을 차지하며, 소각할 때 다이옥신과 같은 각종 유해물질을 배출합니다. 이에 2008년 국제 환경단체 가이아는 무분별한 비닐봉지 사용문제를 해결하기 위해 세계 일회용 비닐봉지 없는 날을 제정하였고, 그 후 꾸준히 환경캠페인을 열고 있습니다.

{ 비닐봉지 하나가

미란다 폴(Miranda Paul) 글. 엘리자베스 주논(Elizabeth Zunon) 그림.
엄혜숙 옮김. 길벗어린이
추천 대상: 3~6학년

『비닐봉지 하나가』는 1970년대 서아프리카의 감비아에 살았던 평범한 소녀, 아이사투가 겪은 일을 담고 있습니다. 어느 날 아이사투는 땅에 떨어진 비닐봉지를 줍게 됩니다. 비닐봉지를 쓰다가 찢어지면 그만 버리고 또 다른 비닐봉지를 사용했습니다. 아이사투처럼 많은 이들이 비닐봉지를 사용하다가 마구 버립니다. 찢어지고 망가진 비닐봉지들은 어느새 가득 쌓여 길에 나뒹굴고 쓰레기 산을 만들지요. 그러다가 결국 마을의 염소들이 쓰레기 사이에서 먹이를 찾다가 비닐봉지를 먹고 죽는 일이 생깁니다. 아이사투와 함께 몇몇 감비아 사람들은 마을을 구할 수 있는 방법을 생각해내고 이를 실천합니다. 지구 환경을 위협하는 비닐봉지 사용문제에 대해 우리는 어떤 지혜를 모을 수 있을지 생각해봅니다. 일회용 비닐봉지가 만들어진 과정과 환경오염을 일으키는 원인을 살펴보고, 비닐봉지를 현명하게 사용하는 방법을 직접 실천해봅니다.

1. 일회용 비닐봉지, 너는 누구니?

그림책 속에는 일회용 비닐봉투를 무분별하게 사용하는 과거 감비아 사람들의 모습이 나옵니다. 그들의 모습은 현재 일상생활 속에서 습관처럼 비닐봉지를 사용하는 우리들의 모습과 닮았습니다. 우리는 매일 비닐을 사용하지만, 비닐이 어떻게 만들어졌고 왜 환경오염을 일으키는지는 잘 알지 못하는 경우가 많습니다. 책이나 인터넷을 통해 일회용 비닐봉지에 대해 조사하여, 비닐 사용량을 줄여야 하는 이유와 재사용하는 방법에 대해 알아봅니다. 그리고 조사한 내용을 OX 퀴즈 문제로 만들어 친구들과 묻고 답하는 시간을 갖습니다. 단순히 알게 된 지식이나 정보를 적고 암기하기보다 그 내용을 다른 이들과 공유하고 말로 설명하는 과정을 통해 학습의 효과를 극대화할 수 있습니다.

2. 비닐봉지가 가득한 지구에게 생긴 일

그림책을 읽고 나서 비닐봉지가 일상이 된 현재 우리의 생활과 지구의 모습을 떠올려봅니다. 마구 사용되는 비닐봉지, 바다로 흘러간 비닐이 해양동물들에게 주는 여러가지 피해 그리고 비닐을 소각하거나 매립하는 과정에서 발생하는 각종 유해물질과 환경호르몬. 감비아 사람들보다 훨씬 더 많은 비닐봉지를 사용하는 우리는 과연 안전할까요? 오랫동안 썩지 않는 일회용 비닐봉지로 인해 발생하는 다양한 문제 상황을 친구들과 나누고, 이를 '해설이 있는 마임'으로 표현합니다. '해설이 있는 마임'은 해설자가 들려주는 장면을 몸으로 표현하는 교육연극 기법입니다. 모둠원이 협력하여 표현하고 싶은 내용과 장면을 문장으로 적습니다. 해설자는 장면을 묘사하는 문장을 말하고, 배우들은 해설에 따라 표정과 움직임을 표현합니다. 정해진 문장대로 표현하고, 배우가 따로 대사를 말하지 않아도 되므로, 연극 표현이 익숙하지 않은 학생들도 쉽게 참여할 수 있습니다. 행동과 표정을 구체적으로 묘사할수록 더 실감나는 표현이 가능합니다. 아울러 학생들은 극적 체험을 함으로써 상황을 이해하고 공감할 수 있습니다.

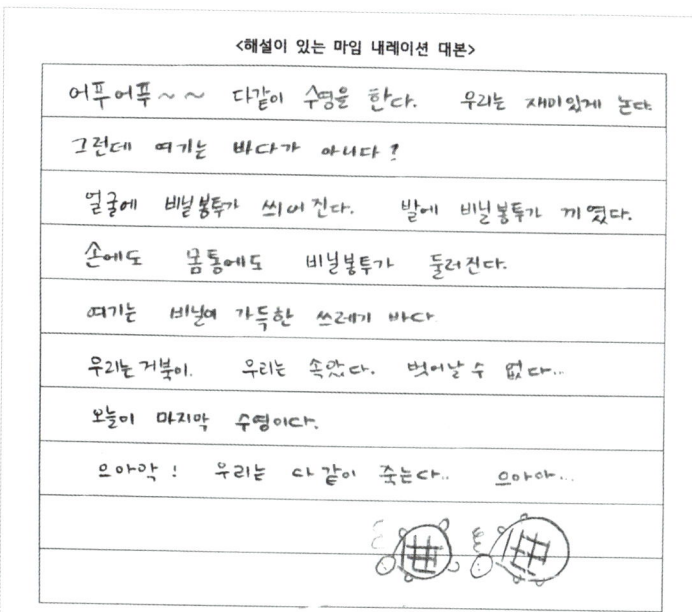

3. 비닐봉지 사용 줄이기 실천 약속 프로젝트

앞의 활동에서 비닐봉지의 유해성과 문제점을 몸으로 표현해보았다면, 이제 비닐봉지 사용을 줄이기 위해 우리가 일상생활 속에서 실천할 수 있는 행동들을 떠올려봅니다. 그리고 다양한 실천 방법들을 친구들과 나눠보고, 매일 스스로 할 수 있는 일을 선택합니다. 그리고 자신이 선택한 작지만, 의미있는 행동들을 라벨지에 적습니다. 그리고 완성한 라벨지를 자주 쓰는 물건이나 장소에 붙여 실천 의지를 다져봅니다. 불편함을 감수하더라도 지구를 지키기 위해 한걸음 내딛는 과정에서 변화는 시작됩니다.

3. 그림책 속 이야기는 1970년대에 일어난 일입니다. 지금은 그보다 훨씬 더 많은 일회용 비닐봉투가 사용되고 있습니다. 비닐봉투 사용을 줄이기 위해 어떠한 노력을 할 수 있는지 생각해봅시다.

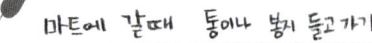

비닐봉투 사용을 줄이기 위한 나의 다짐
-예) 사용했던 봉투 재사용하기, 봉투 대신 가방 들고 다니기, 구체적인 재활용 방법 실천하기 등
● 마트에 갈때 종이나 봉지 들고가기
● 비닐봉투 쓰려고 할때 한번 더! 생각하기.

 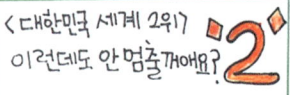

 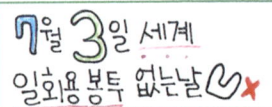

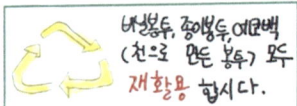 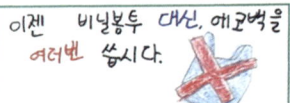

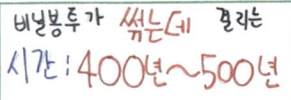 

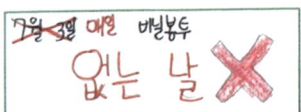

 그림책 활동 팁!

일상 속에서 실천할 수 있는 간단한 방법도 격려해주세요

비닐봉투를 아예 쓰지 않는 것은 현실적으로 어려우므로 실제로 실천할 수 있는 방법을 생각해봅니다. 브레인스토밍을 통해 비닐봉투의 사용량을 줄이거나 재활용할 수 있는 방법을 개인이나 단체 차원에서 다양하게 살펴보도록 합니다. 작은 실천도 환경 보호의 출발점이 될 수 있으니 격려해주세요. 비닐 사용을 줄이기 위해 노력하는 마음이 지구를 살리는 첫걸음이 될 수 있습니다.

함께 읽으면 좋은 그림책

『**비닐봉지가 코끼리를 잡아 먹었어요**』는 한 소년과 코끼리의 비극을 담고 있습니다. 케냐에 사는 소년 와쿤쿠는 어느 날 부모를 잃고 헤매는 코끼리를 만납니다. 죽은 코끼리의 위 속에서 발견된 것은 다름 아닌 비닐봉지였습니다. 땅에 버려진 비닐을 먹이로 착각하여 먹고 죽은 코끼리들의 모습을 통해 우리가 지구를 위해 무엇을 할 수 있을지, 지금 당장 어떤 행동을 해야 할지 생각해 볼 수 있습니다.

_ 김정희 글. 이희은 그림. 사계절

7/26

국제 맹그로브 생태계 보존의 날
International Day for the Conservation of the Mangrove Ecosystem

다음은 한 식물에 대한 퀴즈입니다. 이 식물은 바다에서도 살 수 있으며 태풍과 해일 등 자연재해의 피해를 막아줍니다. 실제로 2004년 스리랑카의 한 마을은 이것을 몽땅 베어 쓰나미가 왔을 때 육천여 명이 사망했지만, 다른 마을은 이 숲을 보전하여 단 두 명만 피해를 보았다고 합니다. 이 식물은 무엇일까요? 바로 맹그로브입니다. 맹그로브 숲은 동식물의 보금자리로서 다양한 생태계를 형성하도록 도와주고 태풍, 해일 등의 자연재해로부터 마을을 지켜주는 소중한 존재입니다. 이러한 맹그로브 숲의 장점을 알리고 보존하고자 유네스코는 7월 26일을 국제 맹그로브 생태계 보존의 날로 지정하였습니다. 하지만 아직 맹그로브의 중요성을 알지 못하여 이를 보존하는 것보다 개발하는 것이 더 낫다는 사람들이 많습니다. 우리 미래의 주역이 될 학생들이 우리가 왜 맹그로브 생태계를 보존해야 하는지 알고 알리며 이를 행동으로 옮길 수 있기를 바랍니다.

맹그로브

수전 L. 로스(Roth, Susan L.) 글. 신디 트럼보(Trumbore, Cindy) 그림. 다섯수레
추천 대상: 3~6학년

『맹그로브』는 아프리카의 황폐해진 마을을 살린 특별한 나무를 소개하고 있습니다. 바로 맹그로브 나무입니다. 홍해 바닷가에 위치한 이 마을은 비가 거의 오지 않고 식물이 자라기 어렵습니다. 이곳에서 유일하게 살아남은 식물은 바다에서도 살 수 있는 맹그로브 나무입니다. 맹그로브 나무가 이산화탄소를 흡수하고 산소를 내준 덕분에 마을의 대기 환경이 좋아지기 시작했고 마을 아주머니들은 관련 일자리를 얻게 됩니다. 또 동물들은 맹그로브 나무의 잎을 먹고 더욱 행복한 생활을 하게 됩니다.

이처럼 맹그로브 숲은 사람, 동물, 환경 모두에게 아주 중요한 존재입니다. 하지만 지구 가열화와 일부 국가의 급격한 개발로 전 세계 맹그로브 숲 30%~50%가 파괴되었고 현재 추세라면 100년 후엔 맹그로브가 지구상에서 완전히 사라질 수도 있다고 합니다. 이 책을 통해 학생들이 맹그로브 나무의 소중함과 내가 현재의 위치에서 할 수 있는 작은 실천을 생각하고 실천하는 어른으로 성장하기를 바랍니다.

1. 나는 누구일까요?

이 활동은 읽기 전 활동으로 책의 제목을 맞혀보는 활동이자 학생들이 맹그로브 나무에 대해 호기심을 가지도록 하는 활동입니다. 맹그로브 나무에 대한 대표적이면서도 간단한 소개를 질문으로 주고 정답이 무엇일지 맞혀보도록 합니다. 실제로 대부분의 학생들은 맹그로브 나무가 무엇인지, 어디에 존재하며 왜 중요한지 모릅니다. 아는만큼 보이듯이 퀴즈를 통해 맹그로브의 많은 장점을 접하고 책을 읽게 되면 맹그로브의 소중함을 더욱 오래 기억할 수 있습니다. 읽을 책의 제목이 공개되면 소제목 '마을을 살린 특별한 나무'의 문구에 집중하여 맹그로브 나무가 어떻게 마을을 살릴 수 있었을지 학생들과 이야기를 나눠봅니다. 앞선 퀴즈의 내용을 적용하여 그림책 내용을 예상해 본다면 전 세계적으로 맹그로브 나무가 왜 중요한지, 우리는 왜 맹그로브 생태계를 보존해야만 하는지 깨닫는 시간이 될 수 있을 것입니다.

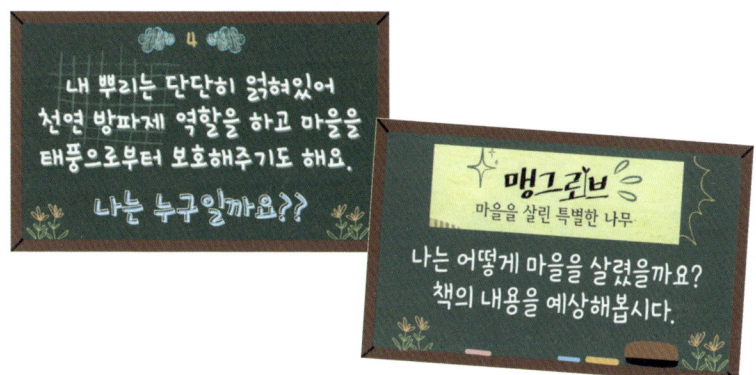

2. 사토 박사의 맹그로브 나무 심기 프로젝트

이 활동은 윷놀이에 기반한 독후활동으로 놀이 속에서 맹그로브 나무를 심어볼 수 있는 활동입니다. 학생들은 주사위를 굴려 나온 눈의 수만큼 말을 이동시킵니다. 나무가 그려진 칸에 멈출 때마다 나무 카드를 하나씩 받으며 말은 카드와 함께 이동합니다. 하나의 말은 최대 2개의 카드와 함께 이동할 수 있고 한 바퀴를 돌아 시작 지점으로 돌아오면 함께 온 카드의 수만큼 나무를 심게 됩니다. 즉, 말 한 개가 한 번에 심을 수 있는 나무는 2개입니다. 심은 나무의 개수는 놀이판에 색칠하여 표시하며 8개의 나무를 먼저 색칠한 팀이 승리하는 놀이입니다. 같은 팀의 말은 업어서 함께 이동할 수 있으며 이 경우 함께 이동할 수 있는 카드의 개수도 늘어나게 됩니다. 다만, 과도한 경쟁을 막기 위해 [다른 팀의 말 잡기] 규칙은 없습니다. 놀이에서 나무를 심을 때마다 느꼈던 긍정적인 감정을 현실에서도 직접 나무를 심으며 느낄 수 있도록 격려하며 환경 수업을 마무리한다면 교육적이면서도 재미있는 환경 수업을 할 수 있을 것입니다.

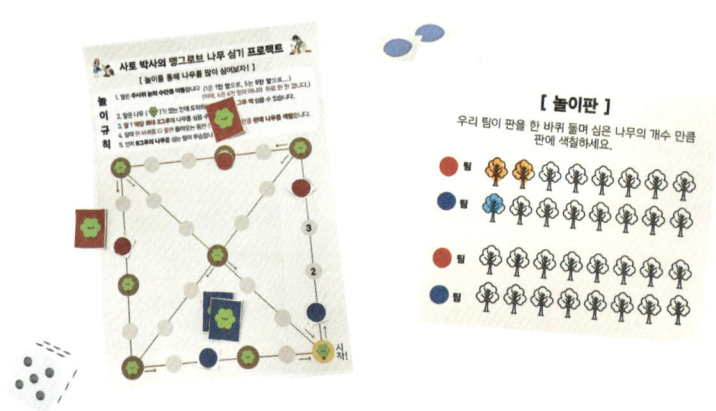

3. 직접 공기정화 식물을 길러볼까?

　맹그로브 나무는 다른 나무들보다 이산화탄소 흡수력이 최대 5배 이상 높아 지구의 공기청정기라고 불립니다. 우리가 직접 열대 지역에 가서 맹그로브 나무를 심을 수는 없지만 교실에서 비슷한 공기정화 식물을 길러볼 수는 있습니다. 대표적인 공기정화 식물로는 스투키, 틸란드시아 등이 있지만 장소가 교실인 만큼 기르기 어렵지 않고 방학 중에 가정으로 보낼 수 있는 식물(개운죽 등)이 적당합니다. 학생들이 나만의 개운죽을 맡아 직접 식물에 이름도 지어보고 매일 자라나는 개운죽을 관찰하며 나도 모르게 식물에 깊은 애정을 느끼는 경험을 할 수 있습니다. 나아가 식물과 매일매일을 함께하며 조금 더 환경친화적인 학생들로 성장할 수 있습니다.

 그림책 활동 팁!

보드게임 활동의 방법이나 규칙은 교사 자유롭게 바꿔도 됩니다

놀이판이 윷놀이판 같아서 학급에 윷이 있다면 주사위 대신 활용해도 됩니다. 학급의 특성은 담임선생님이 가장 잘 알기 때문에 우승 기준이나 한 개의 말이 심을 수 있는 나무 개수 등 특수 규칙을 학급 상황에 맞게 변경하거나 새로운 규칙을 추가하여 놀이를 심화시켜 주신다면 학급에 더욱 적합한 놀이가 될 것입니다.

3번 활동에서 사용된 투명 컵은 재활용하면 됩니다

개운죽은 수경재배가 가능하고 공기를 정화해 주어 맹그로브와 비슷한 점이 많지만, 플라스틱 컵을 사용해야 한다는 단점이 있습니다. 이를 보완하기 위해 학생들이 가정에서 사용한 플라스틱 컵을 가져오도록 한다면 추가적인 일회용품 사용을 최소화할 수 있습니다. 부득이한 경우에는 학생들이 추가적으로 사용한 플라스틱 컵을 스스로 재활용하거나 재사용할 수 있도록 안내해 준다면 더욱 환경친화적인 수업이 될 것입니다.

함께 읽으면 좋은 그림책

『짠물 먹는 나무』는 주인공이 사는 마라케이 섬에 엄마가 보낸 맹그로브 묘목이 도착하면서 나타나게 된 긍정적인 변화를 보여주는 책입니다. 그림책 『맹그로브』에 비해 글이 많고 핵실험으로 인한 자연과 역사 문제도 다룰 수 있어 고학년에 더 적합합니다.

_ 한정영 글. 박지영 그림. 씨드북

8/8

세계 고양이의 날
International Cat Day

환경교육 시간에 무슨 고양이 이야기냐고요? 지속 가능한 발전을 위한 환경교육에 지구 구성원인 동물 이야기가 빠질 수 없습니다. 얼음 타고 다니는 북극곰이나 기후 변화로 멸종 위기를 맞은 동물뿐 아니라 몇천 년간 인간과 함께 살아온 고양이 역시 환경 개발이나 인간의 이기심으로 여느 동물만큼 쉽지 않은 삶을 살고 있습니다. 오히려 개체 수가 많다는 이유로, 익숙하단 이유로 제대로 보호받지 못하는 게 현실입니다.

세계 고양이의 날은 2002년 세계 동물복지 기금 International Fund for Animal Welfare, IFAW 과 여러 동물단체가 고양이에 대한 인식을 높이고 고양이를 돕고 보호하는 방법에 대해 교육하기 위해 만들었습니다. 이 단체들은 고양이뿐 아니라 지구 건강을 위해서는 모든 동물이 중요하다고 믿으며 동물 복지 및 보존에 앞장서고 있습니다. 고양이를 반려동물로 키우는 사람들이 많이 늘어났지만, 여전히 고양이 문제는 계속 발생하고 있습니다. 환경교육이 오염 문제나 플라스틱 문제만 다루기 쉬운데, 지구를 구성하고 있는 여러 동물, 동물을 포함한 지구 구성원의 소중함과 그를 위한 첫걸음에 관해 이야기하기 좋은 날입니다.

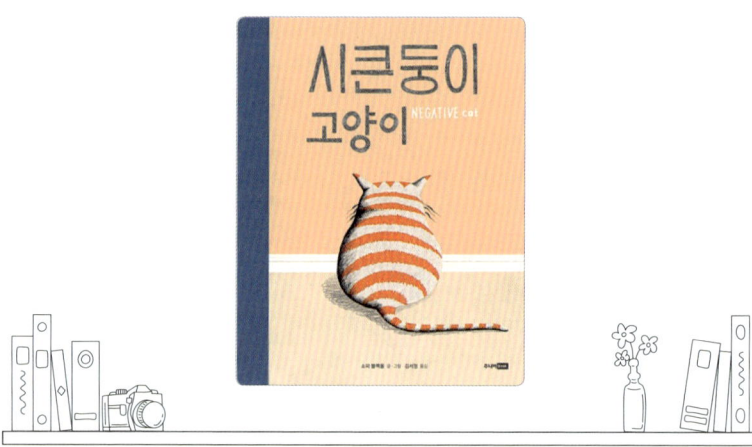

{ 시큰둥이 고양이

소피 블랙올(Sophie Blackall) 글·그림. 김서정 옮김. 주니어
추천 대상: 3~6학년 }

『시큰둥이 고양이』는 주인공 소년과 가족들이 유기묘 보호소에서 고양이 맥스를 입양하면서 벌어지는 일들을 담고 있습니다. 소년의 가족들은 시큰둥하고 말썽만 피우는 맥스를 포기하려고 하지만, 소년은 포기하지 않고 끝까지 맥스를 지키려고 노력하고 결국 맥스의 마음을 얻어내는 감동적인 이야기입니다.

다소 무거울 수 있는 유기묘에 관한 이야기를 작가가 유쾌하게 풀어내고 있어 주제에 대한 거리감 없이 책 내용에 빠져들 수 있습니다. 더불어 반려동물의 의미와 책임감을 갖는 방법, 한국에 있는 유기묘 보호소 현황 등등 학년이나 아이들 상황에 맞게 다양한 이야기나 활동으로 확장해나가기 좋습니다.

그림책 활동

1. 이 동물의 이름은?

그림책을 읽기 전 이야기 속 주인공에 대해서 퀴즈를 냅니다. 흔하게 알고 있지 않은 고양이의 특징을 하나씩 제시하고 모둠별로 맞추게 하면, 서로 토의하며 주인공에 대한 관심을 키웁니다. 퀴즈 활동을 한 뒤 '반려동물을 키우고 싶은 사람?' 하고 묻고 학생들이 키우고 싶어 하는 반려동물의 특징에 대해서 제대로 알고 있는지, 그것을 아는 것이 왜 중요한지 '생명존중'과 연관 지어 이야기 나눌 수 있습니다.

> 1. 단맛을 못 느낀다.　　2. 몸길이 최대 5배까지 점프할 수 있다.
> 3. 물을 싫어한다.　　4. 평균 수명이 15~20년이다.
> 5. 인간의 100배에 달하는 수의 후각세포를 가지고 있다.

2. 고양이를 지켜줘(뒷이야기 상상하기) 　학습지

고양이 맥스는 가족들의 배려에도 불구하고 잘 적응하지 못합니다. 카펫 위에 털 뭉치를 토하거나 현관에 똥을 싸는 등 소년을 제외한 가족 모두를 화나게 했고 결국 유기묘 보호소에 다시 갈 위험에 처합니다. 유기묘 관리소 직원이 소년의 집을 찾아온 장면 직전에서 이야기를 멈추고, 학생들에게 이 위기를 극복할 방법, 즉 고양이 맥스를 구할 수 있는 방법을 담아 뒷이야기를 상상해서 써보게 합니다. 각자 어떤 방법을 썼는지 모둠별 이야기를 나눈 뒤 이어지는 이야기를 읽어줍니다. 실제 그림책에서는 소년이 맥스에게 책을 읽어주며 서로 가까워지는 계기를 마련하는데, 고양이에게 책을 읽어주는 활동이 실제로 유기묘 보호소에서 사용하는 방법이라는 것을 안내하면 학생들이 놀라워합니다. 관련 내용은 작가의 말에 구체적으로 나와 있으니 참고하면 좋습니다.

3. 고양이를 소개합니다   학습지

　책을 다 읽고 나서 우리나라에서 유기되는 동물의 통계를 지역별, 기간별로 자세히 알 수 있는 포인핸드(https://pawinhand.kr) 누리집을 보여줍니다. 다시 한번 '반려동물을 키우고 싶은 사람?' 하고 물으면 처음보단 숫자가 줄어듭니다. 한번 가족이 된 동물이 유기되는 일이 없도록 하려면 어떻게 하면 좋을지 서로 이야기 나누게 하면 여러 반려동물 중 이 시간에는 고양이의 습성이나 주의할 점을 알아보고 이를 홍보하는 포스터를 만들자고 안내합니다. 학생들이 알고 있는 정보가 한정적이고 어떤 문구나 그림으로 표현해야 할지 어려워할 수 있어, 인터넷으로 자료를 검색해서 작성하는 시간을 주면 실제적인 정보를 담을 수 있습니다. 물론 인터넷에는 잘못된 정보도 많기 때문에 이에 대한 주의 사항과 함께 몇 가지 예를 들어주는 것도 좋습니다.

고양이의 습성이나 주의점 (예시)

- 길에서 새끼 고양이가 귀엽다고 데려오지 않는다.
  (어미가 근처에 있을 수 있다.)
- 백합의 잎은 고양이 신장에 손상을 줄 수 있으니 조심해야 한다.
- 고양이의 간은 다른 동물에 비해 해독력이 떨어져서 환경오염에 민감하다.
- 고양이 신체언어, 고양이 먹이, 고양이가 좋아하는 환경 등등

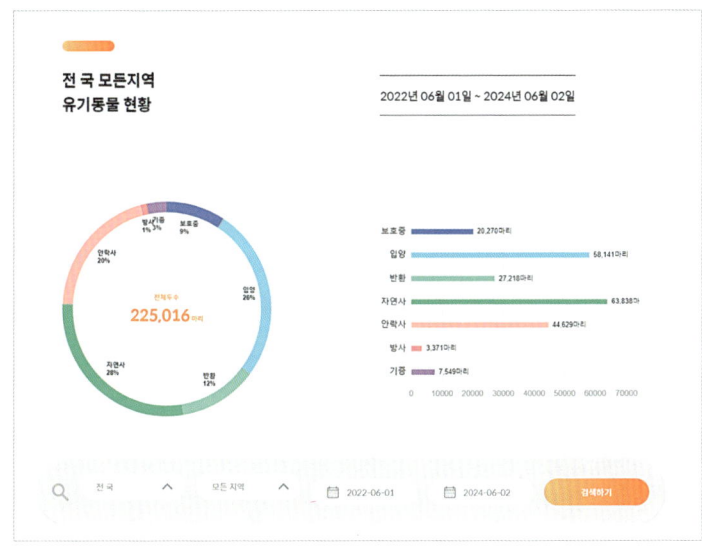

포인핸드 누리집

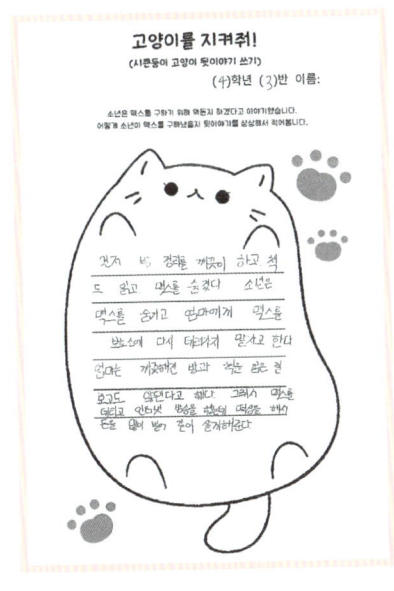

그림책 활동 팁!

선생님, 유기 동물을 발견하면 어떻게 해요?

학생들이 길에서 유기 동물을 발견하면 어떻게 하는지 질문할 수 있습니다. 공공장소를 떠돌거나 버려진 동물을 발견하면 관할 시나 구청, 해당 유기 동물 보호시설에 신고해야 한다고 알려줍니다.

♥ 동물 보호 상담센터 1577-0954 ♥

포스터 그리기 활동 후 생각을 확장합니다

활동 후 새롭게 알게 된 점이나 느낀 점을 적으면서 정리하는 작업이 필요합니다. 단순히 했던 활동을 정리하는 의미도 있지만, 환경교육이 일회성이 되지 않으려면 막 활동을 마친 후 내면화하거나 생각을 확장하는 작업을 하는 것이 중요합니다. 각종 환경의 날을 살펴보면 생각보다 동물과 관련된 날이 많습니다. 그중 고양이의 날은 우리 주변의 동물부터 아끼고 사랑하며 모든 동물과 사람에게 안전하고 건강한 지구 만들기의 중요성으로 생각을 확장하는 계기가 되도록 마무리하면 좋겠습니다.

함께 읽으면 좋은 그림책

『**수요일을 싫어하는 고양이**』는 독일 동물보호소 '티어하임'을 배경으로 유기묘 미미와 한국에서 온 소년 민호의 우정을 그린 그림책입니다. 『**시큰둥이 고양이**』처럼 유기묘에게 책을 읽어주는 내용이 들어간 공통점, 고양이의 시점으로 이야기가 전개되는 차이점이 있어 비교하면서 읽기 좋습니다.

_ 박현숙 글. 양정원 그림. 다림

『**밤을 달리는 고양이**』는 꼭두 소녀와 거대 고양이 호냥이가 마지막 순간 홀로 쓸쓸히 죽어가는 고양이가 없도록 길을 인도하는 과정이 그려진 그림책입니다. 동물의 죽음은 사람의 죽음보다 그 깊이를 가볍게 느끼기 쉬운데, 슬프지만 아름답고 따뜻한 그림과 글에서 생명의 소중함을 느낄 수 있습니다.

_ 고경원 글. 최경선 그림. 야옹서가

8/22

에너지의 날

"악! 더워요. 선생님!"

과학 교실에서 수업을 마치고 교실에 돌아온 아이들이 너도나도 손풍기를 꺼내 듭니다. 교실 에어컨은 26도로 그렇게 덥지 않은 정도지만 아이들이 기대한 온도가 아니었나 봅니다. 하루 종일 에어컨을 세게 켜고 싶어하는 아이들을 보며, '에너지가 얼마나 소중한지 아이들과 이야기 나눠보면 좋겠다.' 싶을 때 기다렸다는 듯 에너지의 날이 다가왔습니다.

에너지의 날은 2003년 8월 22일 그해 최대 전력 소비를 기록한 날을 계기로 기후 변화와 에너지 절약에 대한 인식을 확산하기 위해서 에너지시민연대가 지정한 날입니다. 매년 '에너지의 날-불을 끄고 별을 켜다'라는 이름으로 전국 각지에서 에너지 축제를 여는데, 그중 하나인 밤 9시부터 5분간 전등을 끄는 전국 소등 행사나 오후 2시부터 3시까지 1시간 동안 에어컨 끄기 등에 참여하면 뜻깊은 하루를 보낼 수 있습니다.

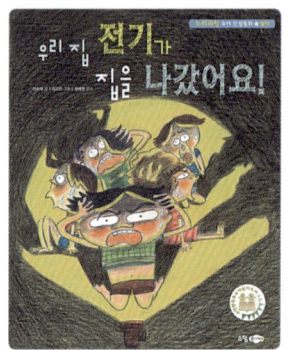

{ 우리 집 전기가 집을 나갔어요!

신순재 글. 김고은 그림. 소담주니어
추천 대상: 1~4학년 }

어느 날 철이네 집 전기가 집을 나간단 쪽지만 남기고 모두 사라집니다. 더운 날씨에 땀을 뻘뻘 흘리며 죽처럼 변한 아이스크림을 먹고 모든 가전제품을 사용하지 못해 힘든 시간을 보냅니다. 과연 철이 가족은 전기가 돌아오게 할 수 있을까요? 『우리 집 전기가 나갔어요!』는 전기의 소중함과 고마움을 깨닫고 에너지를 아낄 방법을 생각해 보는 계기를 마련해주는 유쾌한 그림책입니다.

철이네 가족이 전기를 마구 쓰는 모습은 사실 과도한 게 아니라 우리가 일상생활에서 쉽게 하는 행동인 경우가 많습니다. 예를 들어, 쓰지 않는 플러그를 빼지 않고 두는 것, 보지도 않으면서 텔레비전을 켜놓는 경우가 그렇습니다. 이 그림책에 나온 철이네 가족과 자기 모습을 비추어보며, 우리 집은 전기를 어떻게 쓰는지 돌아보고 작은 습관부터 바꾸어가는 시간이 되면 좋겠습니다.

1. 누가 집을 나갔을까요?

그림책을 읽기 전 제목의 '전기가' 부분을 가리고 누가 집을 나갔는지 질문합니다. 표지 안에 힌트가 있다고 하면 아이들은 깜깜한 방과 손전등을 보고 '전기'의 존재를 알아차립니다. 만약 알아차리지 못하면, 전기가 쓰고 나간 쪽지를 읽어줍니다.

> 우리는 철이네 가족을 위해 열심히 일했어요. 그런데 고마워하기는커녕 다들 너무해요. 한낮에도 전등을 켜 놓질 않나, 화장실 불을 켜 놓고 잊어버리기 일쑤. 텔레비전은 보지도 않으면서 늘 켜두고, 냉장고 문을 쉴 새 없이 열고, 닫고. 너무 피곤해요. 그래서…. 우리는 집을 나갑니다. 우리를 찾지 마세요.

제목을 맞춘 다음에 만약 우리 집도 더운 여름에 전기가 나간다면 어떤 상황이 될지 질문합니다. 학생들은 자기도 모르게 비명부터 질러대는데, 구체적인 이야기를 충분히 나눌 수 있도록 모둠끼리 이야기 시간을 준 후 전체가 함께 이야기하는 게 효과적입니다. 저학년이라면 '우리 집 냉장고는 어떻게 될까?', '에어컨 없이 괜찮을까?' 식으로 예를 들어 이야기하면 구체적이고 실제적인 이야기를 나눌 수 있습니다.

2. 전기야 돌아와!

그림책을 다 읽어준 뒤, 인상적인 장면에 관해 이야기를 나눕니다. 특히 전기가 왜 집을 나가게 되었는지, 전기가 다시 돌아오게 하려고 철이네 가족이 무엇을 실천했는지 묻습니다. 구체적으로 약속한 것들이 무엇인지 빈칸 넣기를 확인하면서 이야기를 나누면 우리 집에서 바로 실천할 방법을 떠올리기 쉽습니다. 생각한 방법을 그림이나 글로 표현한 뒤, 어떤 방법들이 있는지 모둠별로 이야기하고 보완하는 시간을 줍니다. 완성된 약속은 가정에 돌아가 식구들 잘 볼 수 있는 냉장고 앞이나 현관문 앞에 붙이도록 하면 가족과 함께 실천할 수 있어서 좋습니다. 1~2주 정도 시간을 주고 어떤 것을 실천했는지 묻는 시간을 가지면 학생들에게 뿌듯함을 느끼게 함과 동시에, 습관화할 수 있는 계기를 마련해줍니다.

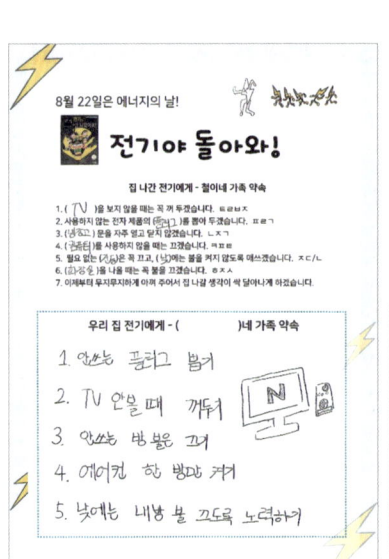

3. 에너지의 날 소등 행사에 참여하기

8월 22일에 전국적으로 실시하는 '소등 행사'에 반 학생들과 함께 참여합니다. 만약 학교 일정이 맞지 않는다면, 학급에서 따로 날짜를 정하는 것도 좋습니다. 알림장이나 학급 누리집에 이에 대한 소식을 가정에 알리고 각자 가정에서 참여 후 소등시간이 적혀있는 인증사진을 학급 누리집에 올리도록 안내합니다. 학생들의 의지가 강하다면, 에어컨 *끄기* 활동도 학교 일과 시간 중에 도전할 수 있습니다. 에너지시민연대 누리집에 가보면, 전년도에 전국적으로 어디에서 얼마나 참여했고 절약한 에너지는 어느 정도인지 알 수 있습니다. 아이들에게 이런 객관적 사실이나 사진, 동영상을 보여주는 것도 참여 의지를 높일 수 있습니다.

 **그림책 활동 팁!**

에너지 절약 노래를 함께 불러도 좋습니다

에너지의 날을 만든 에너지시민연대 누리집에 들어가면 '플러그 씨는 쉬고 싶다'란 음원이 있습니다. 전기에너지 절약 방법의 하나인 플러그 뽑기와 관련된 노래라서 음악 시간과 연계하여 함께 지도하면 재밌고 실천 방법을 잘 아는 데 효과적입니다.

플러그 씨는 쉬고 싶다

아무도 없는 집인데 난 24시간이 모자라네. 넌 항상 나를 깜빡하네.
충전이 다 끝났다면 뽑고 집을 나서기 전에 끄고 다 쓰고 난 다음에 아끼고
모두 잠이 든 밤에 잠깐 돌아봐 줘. 날 좀 아껴줘. 안 쓸 땐 쉬게 해줘.
방마다 불은 켜져 있고 켜지면 꺼질 줄을 모르고
콘센트엔 늘 빨간 불 온몸이 찌릿찌릿해.
뽑고. 집을 나서기 전에. 끄고. 다 쓰고 난 다음에 아끼고.
모두 잠이 든 밤에 잠깐 돌아봐 줘. 날 좀 아껴줘. 안 쓸 땐 쉬게 해줘.
뽑고 (나서기 전에) 끄고 (쓰고 난 다음에) 아끼고 (잠이 든 밤에)
잠깐 돌아봐 줘 날 좀 아껴줘. 안 쓸 땐 쉬게 해줘. 잠깐!

함께 읽으면 좋은 그림책

『우리집 전기 도둑』에 나오는 이호네는 온 식구가 자신들도 모르게 전기를 낭비합니다. 콘센트에는 플러그가 가득 꽂혀서 모두 함께 사용되는 일도 많습니다. 그러다 갑자기 온 집안은 물론 동네의 전기가 모두 나가는 일이 벌어지고 전기의 소중함을 깨닫는 이야기입니다. 그림책 중간, 중간 그리고 마지막에 에너지를 아껴야 하는 이유와 아끼는 방법이 나와 있어 학생들 지도에 도움이 됩니다.

_임덕연 글. 이형진 그림. 미래엔아이세움

9/6

자원순환의 날

"우리 학급에서 꼭 하고 싶은 활동이 있으면 이야기해 볼까요?"
"보드게임이요!, 재능기부요!, 과자 파티요!, 알뜰 장터요!"
"우리, 알뜰 장터를 조금 새롭게 해 보면 어떨까요?"

학기 말, 수업 시간에 여유가 있어, 하고 싶은 활동에 대해 학생들에게 의견을 물었습니다. 학생들은 앞다투어 다양한 의견을 냈고, 알뜰 장터를 하고 싶다는 의견을 받아 자원순환의 의미가 담긴 '새 주인 찾기 프로젝트'를 해 보기로 합니다.

자원순환의 날은 환경부와 한국폐기물협회가 공동으로 우리가 쓰는 자원의 소중함과 자원 재활용의 중요성을 알리기 위해 만든 날입니다. 학생들과 함께 우리가 얼마나 많은 쓰레기를 버리는지, 그걸 어떻게 줄일 수 있을지를 생각해 보고자 합니다. 예를 들어, 일회용품 대신 재사용 가능한 물건을 사용하거나, 불필요한 물건을 버리지 않고 다른 사람에게 주는 방법이 있을 것입니다. 자원순환의 날의 의미를 알고, 자원순환을 실천할 방법을 함께 고민하며 우리 모두 조금씩 더 친환경적인 삶을 살게 되기를 소망합니다.

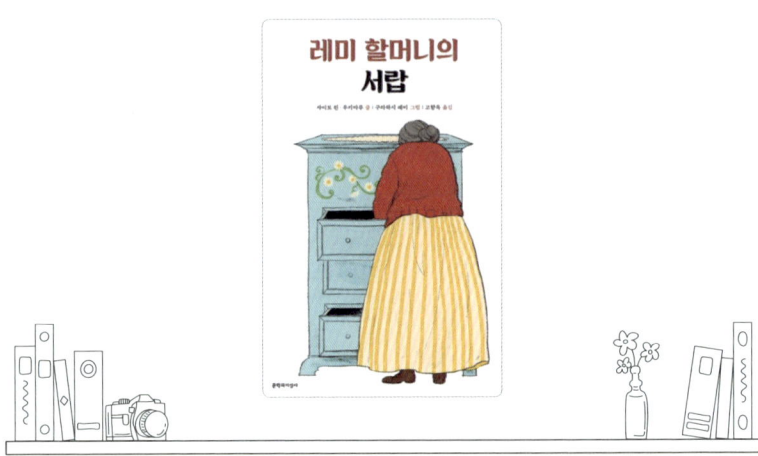

{ 레미 할머니의 서랍

사이토린, 우키마루 글. 구라하시 레이 그림. 문학과지성사
추천 대상: 전 학년
}

『레미 할머니의 서랍』은 수없이 많은 물건이 생산되고 소비되고 또 그만큼 버려지는 현대 사회에서 어쩌면 쓰레기가 될 뻔한 물건들이 할머니의 손길로 새로운 삶을 살게 되는 이야기입니다. 레미 할머니와 레오 할아버지의 '인생 제2막'과 작은 서랍장 속 물건들의 새로운 쓰임이 참 닮아있다고 느껴집니다.

이 그림책은 물건들의 목소리를 통해 이야기를 전개합니다. 할머니는 나중에 쓰임이 있을 만한 물건들을 서랍장 속에 모아둡니다. 서랍장 속에 있는 물건들은 이제 쓸모없어진 자신들의 모습 때문에 실망하지만, 할머니는 쓰임을 다한 물건에 새로운 가치를 만들어 줍니다. 이 소박한 그림책을 통해 학생들과 함께 자원순환의 의미를 함께 고민해 보고 버려지는 물건에 관해 생각해 보고자 합니다.

1. 물건을 산 경험, 물건을 버린 경험 나누기

물질적으로 풍요로운 현대 사회에서 우리는 그저 저렴하다는 이유로, 탐난다는 이유로, 1+1이라는 이유로, 배송비를 아끼려는 목적으로 물건을 필요한 것보다 더 많이 사고 있습니다. 그림책을 읽기 전, 우리의 이러한 소비 모습을 되돌아봅니다. 꼭 필요해서가 아닌 다른 다양한 이유로 물건을 샀던 경험을 나누고 결국 그 물건들이 어떻게 되었는지 이야기를 나눕니다.

2. 물건의 '새 인생' 찾아보기

그림책을 읽은 후, 그림책 속 물건들이 어떤 새로운 인생을 살게 되었는지 확인해 봅니다. 설탕 병이었던 유리병은 피클 병이 되었고, 사탕 병이었던 둥그런 병은 딸기잼 병이 되었으며, 장미 꽃다발을 묶었던 노란 리본은 고양이의 나비넥타이가 되었습니다. 또, 스웨터였던 빨간 털실 뭉치는 털모자가 되었고 주인공 작은 상자는 반지 상자가 되었습니다.

물건을 버리지 않고 물건의 새 인생을 찾아준 레미 할머니와 레오 할아버지처럼 우리도 내 물건의 새 인생을 찾아주기로 합니다. 아직 충분히 사용할 수 있지만 이제 나에게는 필요 없어진 물건을 진지하게 생각해 보고 새 주인에게 가서 어떻게 사용되면 좋을지 학습지에 적어 봅니다. 학습지는 A4 용지를 반씩 잘라 나눠줍니다.

1. 내가 가진 물건의 '새 인생'을 찾아줍시다. 아직 충분히 사용할 수 있는 물건이지만 이제 나에게는 더 이상 필요 없는 물건을 생각해 봅시다. (옷, 신발, 장난감, 학용품, 책, 인형 등)	
나는 처음 어디에서, 어떻게 이 물건을 만났나요? (ex. 마트에서 어린이날 선물로 엄마가 사주셨습니다.)	저는 백화점에서 이브이 장난감을 아빠가 사주셨습니다.
내가 더 이상 이 물건을 사용하지 않는 이유는 무엇인가요?	이제는 포켓몬 이브이 장난감한테 관심이 떨어졌습니다.
새 주인에게 가서 이 물건이 어떻게 사용되었으면 좋겠나요?	다른 주인이 가져가서 많이 좋아했으면 좋겠다.

1. 내가 가진 물건의 '새 인생'을 찾아줍시다. 아직 충분히 사용할 수 있는 물건이지만 이제 나에게는 더 이상 필요 없는 물건을 생각해 봅시다. (옷, 신발, 장난감, 학용품, 책, 인형 등)	
나는 처음 어디에서, 어떻게 이 물건을 만났나요? (ex. 마트에서 어린이날 선물로 엄마가 사주셨습니다.)	내일은 실험왕책→엄마와 집에서 수업할때 엄마가 주신 책 새 편지봉투→임마가 선생님께 편지주려고 샀는다 한에 두개가 있었다. 쿠로미 부채→수영 맡안 도시잠에서 샀다
내가 더 이상 이 물건을 사용하지 않는 이유는 무엇인가요?	내일은 실험왕→너무 많이 읽어서 지루하다 새편지봉투→쏠 사람이 없다 쿠로미 부채→미니 선풍기가 있어서
새 주인에게 가서 이 물건이 어떻게 사용되었으면 좋겠나요?	내일은 실험왕→재밌읽 었으면 좋겠다 편지→잘 썼으면 좋겠다

3. 새 주인 찾기 프로젝트

일주일 정도 준비할 시간을 준 후, 새 주인 찾기 프로젝트를 진행합니다. 단순히 알뜰 장터나 나눔 장터가 아닌 '새 주인을 찾아주는 일'임을 강조하여 진지하게 행사에 참여하도록 합니다. 기부할 물건은 절대 새로 산 물건이 아닌 나에게 작아졌거나 나에게 필요가 없어진 물건을 가져오도록 합니다. 물건을 가져가는 사람도 새 주인이 되는 마음가짐으로 꼭 필요한 물건, 정말 소중히 사용할 물건만을 신중히 가져가도록 합니다. 프로젝트를 진행하기 전, 활동 2에서 작성한 학습지를 참고하여 내가 가져온 물건에 편지를 씁니다. 물건을 가져가는 사람은 그 편지를 읽은 후, 소중히 물건을 잘 사용하겠다는 다짐을 하며 '새 주인 서약서'에 서명합니다.

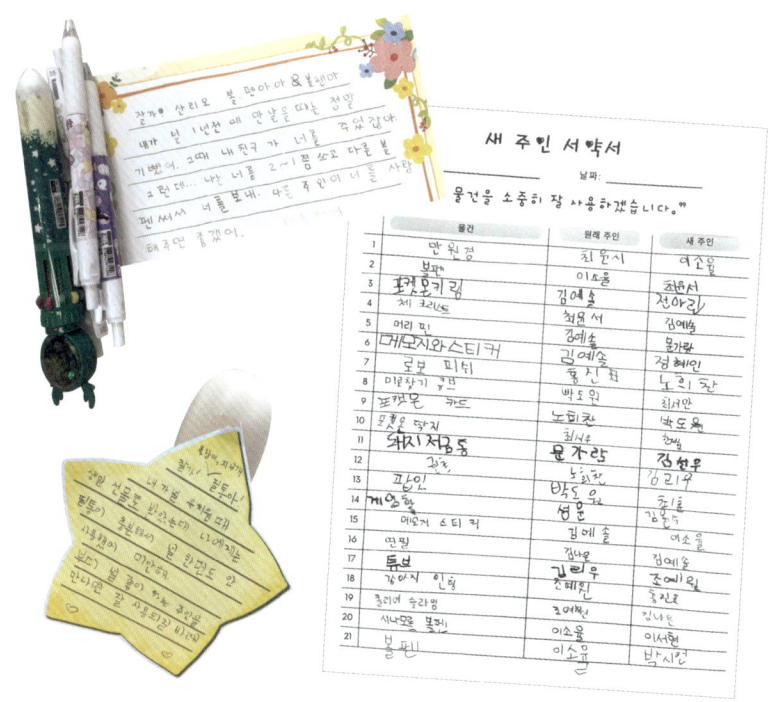

'새 주인 찾기 프로젝트'는 학기 말 활동으로 하면 좋습니다

학기 말 수업 진도를 다 끝내고 여유가 있을 때 '새 주인 찾기 프로젝트'를 진행하면 좋습니다. 의미가 있는 활동이면서 학생들도 즐거워하는 프로젝트라 여유롭게 시간을 가지고 진행하시길 추천합니다. 또한, 물건에 편지를 쓸 때, 교과서 도움 자료 중 사용하지 않은 부분을 편지지로 활용하면 좋습니다.

자원순환을 실천하고 있는 새활용 Up-Cycling 기업을 함께 소개할 수 있습니다

장난감 플라스틱을 새활용하는 사단법인 트루(TRU), 버려진 플라스틱으로 키링, 빗, 스마트톡 등 작은 소품을 만드는 파틱스(PATICS), 커피 마대와 청바지 등으로 새로운 패션 소품을 만드는 할리케이(HARLIE K), 현수막, 광고판 등 짧게 쓰고 버려지는 물건으로 담요, 인형, 화분, 스카프 등 다양한 용품을 만들고 환경교육센터도 운영 중인 터치포굿(Touch4good) 등이 있습니다.

함께 읽으면 좋은 그림책

『미미의 스웨터』의 주인공 미미는 옷을 함부로 사지 않습니다. 이것저것 따지고 고민해서 신중하게 옷 한 벌을 구매하고 자주 꺼내입습니다. 옷이 더러워지고 해지기 시작해도 바로 버리거나 새 옷으로 대체하지 않고 다양한 방법으로 옷에 새로운 생명력을 불러일으킵니다. 그러다 작아져서 더는 입을 수 없어진 옷을 벼룩시장으로 가져갔고, 미미의 스웨터는 새로운 꼬마 주인을 만나게 됩니다. 착한 소비와 자원순환에 대해 생각해 볼 수 있는 그림책입니다.

_ 정해영 글·그림. 논장

『쓰레기차』는 모두가 잠든 새벽, 마을의 쓰레기를 치우고, 버려진 물건의 가치를 찾아 새활용도 해놓는 고마운 쓰레기차의 이야기입니다. 어느 날, 쓰레기차가 고장 나면서 그동안 버린 쓰레기의 심각성을 깨닫고, 쓰레기 대란을 해결하기 위해 함께 노력해 나가는 내용을 담고 있습니다.

_ 김우영 글·그림. 팜파스

9/7

푸른 하늘의 날
International Day of Clean Air for Blue Skies

"푸른 하늘 은하수 하얀 쪽배에…", "파란 하늘, 파란 하늘 꿈이 드리운 푸른 언덕에…". 우리 주변에는 푸른 하늘을 소재로 한 노래가 많습니다. 하지만, 과연 요즘 어린이들도 하늘이 푸르다고 생각할까요? 아이들에게 물어보면 꼭 푸르다고만 하지는 않습니다. 특히 미세먼지가 심한 요즈음에는 뿌연 하늘을 떠올리는 경우도 많습니다. 이처럼 만연해진 대기오염의 심각성을 인지하고 대한민국이 주도하여 유엔UN에 제안한 날이 있습니다. 푸른 하늘의 날입니다. 최초의 유엔UN 기념일이자 국가 기념일인 이날은 대기오염이 생태계뿐 아니라 인간의 건강에도 부정적인 영향을 주는 위험한 요소임을 알리고자 제정되었습니다. 각종 질병과 사망을 유발하는 대기오염을 줄이기 위해서는 전 세계인의 노력이 필요합니다. 9월 7일만큼은 푸른 하늘에 감사하며 구체적으로 우리가 무엇을 할 수 있을지 생각해 보는 것은 어떨까요?

{ 죽음의 먼지가 내려와요

김수희 글. 이경국 그림. 미래아이
추천 대상: 전 학년

『죽음의 먼지가 내려와요』는 미세먼지로 폐암에 걸린 여덟 살 소녀의 실화를 다루고 있습니다. 우리는 하루쯤 음식을 먹지 않거나 잠을 자지 않아도 살 수 있지만 숨은 잠시도 참기 어렵습니다. 그림책 속 등장인물인 메이링도 삶 속에서 당연하게 숨을 쉬었을 뿐인데 폐가 망가져 죽음에 이르게 됩니다. 공장지대에 살아 숨을 쉴 때마다 미세먼지가 폐에 가득 찼기 때문입니다.

언제부턴가 우리에게도 뿌연 하늘을 보며 답답함을 느끼거나 매일 미세먼지 농도를 확인하는 삶이 익숙해졌습니다. 또 학교에서도 미세먼지 때문에 교실 체육을 해야만 하는 날들이 많아지게 되었습니다. 그림책을 통해 학생들이 눈에는 보이지 않지만, 미세먼지가 우리의 깨끗한 공기를 마실 권리를 앗아가고 있다는 사실을 깨닫고 푸른 하늘을 위해서 우리가 해야 할 일이 무엇일지 생각하는 계기가 되었으면 합니다.

1. 표지로 알아보는 미세먼지

이 활동은 읽기 전 활동으로 책의 제목을 가리고 오늘 다룰 '푸른 하늘의 날'에 대해 알아보는 활동입니다. 책 표지에는 한 아이가 미세먼지로 자욱한 마을을 바라보는 뒷모습이 그려져 있습니다. 이 모습만 보아도 대기오염과 관련한 내용을 다루리라는 것을 짐작할 수 있습니다. 표지를 살펴본 뒤에는 제목을 알려주고 '죽음의 먼지'가 무엇일지 맞혀보는 활동을 합니다. 또한 몇 가지 퀴즈로 미세먼지에 대한 상식을 알아보며 '푸른 하늘의 날'이 대기오염을 개선하고자 지정된 날임을 알 수 있습니다. 학생들이 이 활동을 통해 미세먼지가 이미 우리 삶 깊숙이에서 건강을 해치고 있다는 사실을 깨닫고 더 이상 눈에 보이지않는다는 이유로 그 심각성과 위험성을 간과하지 않기를 바랍니다. 오늘 읽을 그림책의 이야기가 실화를 바탕으로 했다는 것을 알려준다면 학생들은 그림책 수업에 조금 더 몰입할 수 있을 것입니다.

2. 푸른 하늘의 날 노래 개사하기

이 활동은 동요 <내가 바라는 세상>의 가사를 푸른 하늘의 날의 취지에 맞게 개사해 보는 활동으로 3월 학급 세우기에서 반가를 만드는 활동과 유사합니다. 그림책의 등장인물인 나와 메이링이 살고 싶었을 세상을 떠올리며 푸른 하늘, 깨끗한 공기가 가득한 세상을 염원하는 가사를 생각해 봅니다. 다양한 의견이 나올 수 있도록 모둠을 구성하여 서로의 의견을 나누도록 하면 좋습니다. 학생들의 의견을 반영하여 가사에서 그대로 놔두고 싶은 부분을 정하는 것도 좋습니다. 예를 들어 '우리가 늘 바라던 그런 세상 있어요.'와 같은 구절은 바꾸지 않아도 됩니다. 학생들이 책을 읽으며 느낀 점들을 가사로 표현해낼 수 있다면 그 어떤 활동보다 재미있고 푸른 하늘을 꿈꾸는데 아주 적합한 활동이 될 수 있을 것입니다. 물론 <내가 바라는 세상>이 아닌 다른 동요를 활용하셔도 좋습니다.

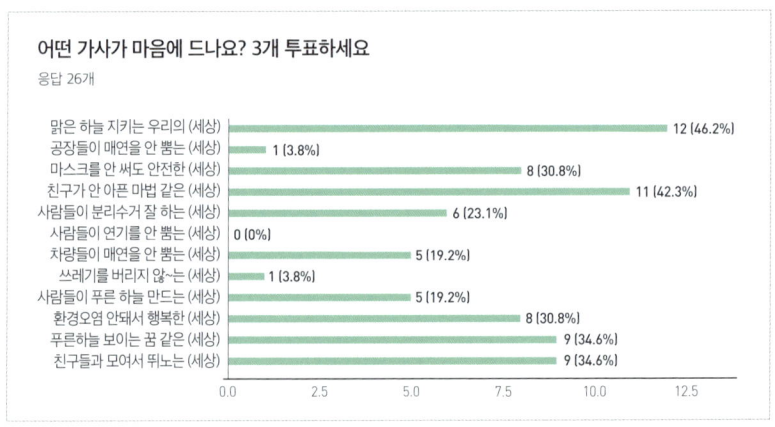

3. 푸른 하늘의 날 노래 뮤직비디오 만들기

이 활동은 2번 활동에서 이어지는 활동으로 우리가 개사한 노래의 뮤직비디오를 만들어보는 활동입니다. 종이의 크기는 A4의 절반 크기가 적당합니다. 학생들은 종이에 자유롭게 그림을 표현하되 자신이 맡은 가사를 꼭 적어야 합니다. 저학년의 경우 가사를 쓰기 어려워한다면 교사가 완성된 가사를 외곽선 형태로 써서 출력해 주어도 좋습니다. 학생들이 표현해야 하는 그림은 '푸른 하늘의 날'의 취지가 잘 드러날 수 있다면 무엇이든 좋습니다. 우리가 오늘 읽은 그림책에서 인상 깊었던 부분을 찾아 그림으로 표현해도 좋고 자신이 맡은 가사에 집중하여 가사를 잘 표현할 수 있는 그림을 그리도록 허용해 주셔도 좋습니다. 나중에 완성된 그림으로 뮤직비디오를 만들어 보여주면 학생들이 굉장히 뿌듯해하는 모습을 볼 수 있습니다.

 그림책 활동 팁!

개사하는 활동에서 가사를 투표할 땐 구글 폼을 활용할 수 있습니다

각 모둠이 개사를 마치면 이 가사를 구글 폼의 문항에 넣어 투표할 수 있습니다. 구글에서 투표의 결과를 표로 만들어주므로 학생들에게 어떤 가사가 선정되었는지 설명할 때 편리합니다. 또한 학생들이 '푸른 하늘의 날'의 취지에 맞지 않거나 엉뚱한 내용으로 개사를 한 경우 그 가사는 문항에 넣지 않고 투표를 진행한다면 보다 '푸른 하늘'의 주제에 적합한 가사로 개사를 할 수 있습니다.

뮤직비디오를 제작할 때는 스마트 기기를 활용하면 편합니다

뮤직비디오에 활용될 그림은 종이를 활용해도 되지만 태블릿의 '스케치북' 앱을 활용하면 더욱 편합니다. 앱 내의 다양한 색감을 사용할 수 있고 수정과 보관이 편리합니다. 완성된 작품은 그림 파일로 다운받은 뒤 노래에 맞추어 이어준다면 보다 빠르고 편리하게 뮤직비디오를 제작할 수 있습니다.

함께 읽으면 좋은 그림책

『**하늘 조각**』에서 하늘은 아이에게 계속해서 인사하고 말을 걸지만 아이는 이를 알아채지 못합니다. 물웅덩이에 비친 푸른 하늘을 발견하고서야 하늘이 지닌 아름다움을 발견하게 됩니다. 이처럼 푸른 하늘은 우리 곁에 늘 있지만 우리가 관심을 가지고 지키지 않으면 언제 사라질지 모릅니다. 이 그림책은 우리가 푸른 하늘을 소중히 여기고 관심을 가져야 한다는 것을 깨닫게 해주는 책입니다.

_ 이순옥 글·그림. 길벗어린이

9/22

세계 차 없는 날
World Car Free Day

"얘들아~ 이번 주말에 다들 뭐 했어?"
"부모님이랑 차 타고 놀러 갔다 왔어요."
"집에서 쉬면서 배달시켜 먹었어요."

서로 다른 경험이지만 숨겨진 하나의 공통점이 있습니다. 바로 '차'가 이용되었다는 점입니다. 우리 삶에서 자동차는 빼놓을 수 없는 존재가 되었습니다. 자동차 덕분에 우리는 현재의 수준으로 성장할 수 있었습니다. 하지만 자동차 때문에 우리 지구가 많이 아파졌습니다. 이제 자동차가 없는 세상은 상상할 수 없지만 단 하루, 우리 지구를 위해 자동차를 멈춰도 좋지 않을까요?

세계 차 없는 날은 1년 중 단 하루만이라도 자가용을 타지 말자는 상징적인 캠페인으로, 1997년 프랑스 서부 항구도시인 라로쉘에서 처음 시작되었습니다. 대중교통, 긴급차량, 생계형 차량을 제외한 자가용 운전자들이 자발적으로 운행을 자제함으로써 자동차로 인한 대기오염 기여도를 낮출 뿐만 아니라 소음, 교통체증을 줄여 청정 도시를 구현하는 것을 최종 목표로 합니다. 학생들이 세계 차 없는 날을 알고 스스로 이날에 참여할 수 있는 방법을 찾아보기를 바랍니다. 불필요한 외출을 줄이거나 가까운 거리는 걷는 방법 등이 있을 것입니다.

{ 초록 자전거

이상교 글. 오정택 그림. 사파리
추천 대상: 전 학년 }

　『초록 자전거』의 표지에 보이는 주인공 아이는 매연과 소음으로 가득 찬 도시에서 벗어나 자연 속에서 자전거와 함께하는 꿈을 꿉니다. 아이와 함께 자전거 여행을 떠나다 보면 대체 교통수단으로서 자전거를 타는 것이 나와 우리 모두, 그리고 지구의 건강을 지킬 수 있는 멋진 일이라는 것을 느낄 수 있습니다.

　차의 매연은 우리 몸에도 해로울 뿐만 아니라 산성비와 스모그를 만들어 대기를 오염시키고 생물과 토양에도 나쁜 영향을 미칩니다. 이러한 가운데서 우리가 할 수 있는 가장 쉬운 환경 운동 실천 방법은 가까운 거리를 걷거나 자전거를 타며 자동차 이용의 빈도를 낮추는 것입니다. 미래의 주역이 될 아이들이 자전거를 이용하거나 걷기를 했을 때 환경에 얼마나 좋은 영향을 미치는지 이해하고 자발적 환경지킴이가 될 수 있기를 바랍니다.

 그림책 활동

1. 세계 차 없는 날에 관한 진짜, 가짜를 찾아라!

학습지

이 활동은 그림책과 학습지를 활용하여 차가 환경에 미치는 영향과 세계 차 없는 날에 대한 정보를 재미있고 확실하게 알아갈 수 있는 독후 활동입니다. 학생들은 미래의 운전자이자, 현재 운전자의 자녀입니다. 미래에 환경친화적인 운전자가 되는 것도 중요하지만 이미 많이 아픈 지구를 위해서는 현재의 운전자인 부모님이 세계 차 없는 날에 동참할 수 있도록 설득할 수 있어야 합니다. 따라서 세계 차 없는 날이 얼마나 긍정적인 영향을 주는지 정확히 아는 것이 중요합니다. 먼저 그림책 속에서 매연, 교통체증 등 차가 사회에 미치는 영향을 찾고 왜 우리가 차를 꼭 필요할 때만 이용하는 것이 좋은지 이야기를 나눕니다. 이후에 세계 차 없는 날이 있음을 알려주고 학습지를 풀도록 합니다. 이 활동에서 학생들

은 네 가지 질문을 보며 무엇이 진짜이고 무엇이 가짜일지를 고민합니다. 또한 아래 보너스 퀴즈도 풀어보며 세계 차 없는 날에 참여하는 것이 얼마나 지구를 위한 활동인지 알고 재미있게 세계 차 없는 날에 대한 정보를 얻을 수 있습니다.

2. 세계 차 없는 날 포스터 만들기

위 학습지 활동을 통해 세계 차 없는 날에 대한 정보를 알았다면 이번에는 학생들이 이날을 알리는 포스터를 그려봅니다. 3번 활동과 바로 이어지는 활동으로 색칠 없이 밑그림만 그립니다. 포스터의 내용은 자유이지만 세계 차 없는 날에 동참하자는 내용을 담고 있어야만 합니다. 그림책의 내용을 세계 차 없는 날과 연계하여 포스터로 표현해도 되고, 이날에 집중하여 그림으로 표현해도 됩니다. 혹시 그림을 상상하여 그리기 어려워하는 학생이 있다면 태블릿 등을 활용하도록 해도 좋습니다. 작품들은 학생들의 투표를 거친 후 다음 활동에서 협동화로 이어지므로 최대한 빈 곳 없이 그림으로 표현하라고 안내해 주시면 좋습니다. 이 활동을 통해 학생들은 우리가 모두 세계 차 없는 날에 동참하는 상황을 꿈꿀 수 있습니다.

3. 우리가 할 수 있는 환경 보호 협동화 퍼즐

협동화 미술과 환경 보호 실천이 연계된 활동으로 학생들은 앞서 그렸던 포스터 중 함께 색칠하여 완성하고싶은 포스터를 투표로 고릅니다. 교사는 선정된 포스터를 학생 수만큼 분할 인쇄하여 한 장씩 나누어줍니다. 이것은 협동화의 일부이자 퍼즐 조각이 됩니다. 즉 모든 조각이 모여야 하나의 작품이 완성될 수 있습니다. 먼저 학생들은 자신이 맡은 퍼즐 조각을 꼼꼼하게 색칠합니다. 색칠된 종이는 학생들이 각자 보관해도 좋고, 교사가 걷어서 보관해도 좋습니다. 이 퍼즐을 맞추는 방법은 간단합니다. 학급에서 세계 차 없는 날에 동참하는 공동의 환경 보호 활동을 정합니다. 이때, 가정과 연계하여 가족, 친구와 함께 실천할 수 있는 방안이면 더욱 좋습니다. 이를 실천한 것을 사진, 영상 등으로 인증하면 퍼즐을 완성할 수 있습니다. 학생들은 작은 실천이 모여 협동화가 완성되는 것을 보며 환경보호 또한 한 사람 한 사람의 실천이 모이는 것임을 깨달을 수 있습니다. 나의 작은 실천과 우리 모두의 실천이 모두 중요하다는 것을 깨달을 수 있기를 바랍니다.

 그림책 활동 팁!

분할 인쇄는 그림판을 활용하면 됩니다

학생들의 투표로 선정된 포스터를 협동화로 제작할 때는 분할 인쇄가 필요합니다. 먼저 선정된 학생의 작품을 휴대폰으로 찍은 후 편집에서 밝기를 최대로 올려 하얀 바탕을 만듭니다. 다음 사진을 컴퓨터로 보내어 그림판에서 불러오기를 합니다. 그림판의 인쇄 페이지 설정에서 맞춤 크기를 학생 수만큼 맞추면 쉽게 분할 인쇄를 할 수 있습니다.

공동의 환경 보호 활동을 정할 때는 교사가 개입하면 좋습니다

3번 활동에서 학생들이 협동화의 퍼즐을 맞추는 데에만 집중한다면 '우리의 실천 방안'을 그저 쉬운 방향으로만 설정하고자 할 수 있습니다. 이때 학생들이 활동의 목적을 퍼즐 맞추기가 아닌 환경 보호 실천에 두도록 교사가 지속적으로 개입하여 안내해야 합니다. 모두가 실천할 수 있으면서도 진정으로 지구를 위하는 길이 무엇일지 떠올릴 수 있도록 안내한다면 학생들은 자신의 위치에서 적절한 방법을 생각해낼 것입니다. 만약 학생들의 투표로 정한 실천 방안이 너무 쉽다면 실천 방안의 개수를 늘리는 것도 좋은 방법입니다.

함께 읽으면 좋은 그림책

『도시에 물이 차올라요』는 지구가 보내는 작은 경고를 무시했을 때 맞이하게 되는 큰 위기를 비유적으로 보여주는 책입니다. 서서히 물에 잠겨가는 도시와 이에 대응하는 동물들의 태도를 보며 우리도 지구의 경고를 무시했던 지난날을 되돌아보고 앞으로는 어떤 마음가짐으로 행동해야 할지 깊이 고민해 볼 수 있습니다.

_ 마리아호 일러스트라호(Mariajo Ilustrajo) 글·그림. 위즈덤하우스

9/
셋째 주 토요일

국제 연안 정화의 날
World Cleanup Day

'쓰레기 섬'이라고 들어보셨나요? 해류와 바람의 영향으로 해양 쓰레기가 한 곳에 모이며 생긴 쓰레기 지대입니다. 전 세계 해양에는 무려 다섯 개의 쓰레기 섬이 표류하고 있으며, 쓰레기 섬들의 쓰레기는 대부분 플라스틱으로 이루어져 있습니다. 이 플라스틱은 어디에서 온 것일까요? 바닷속 공장에서 만들어진 걸까요? 모두 육지에 사는 사람들이 쓰고 함부로 버린 플라스틱이 파도를 타고 흘러 들어간 것입니다. 육지와 바다가 이어지는 곳인 연안의 쓰레기를 정화하는 활동은 그래서 중요합니다.

국제 연안 정화의 날 World Cleanup Day은 매년 9월 셋째 주 토요일, 연안에 있는 쓰레기를 수거하는 날입니다. 이날은 1986년에 미국 민간단체 오션 컨서번시 Ocean Conservancy가 텍사스주에서 처음 시작한 행사입니다. 그 후 여러 국가 및 자원봉사자의 참여로 행사가 커져 국제 행사로 발전했습니다. 국제 연안 정화의 날의 목적은 연안에 있는 해양 쓰레기를 수거하는 것에만 있지 않습니다. 쓰레기 수거 후 세계 공통으로 사용하는 조사 카드에 해양 쓰레기의 종류를 기록, 조사하여 해양 쓰레기 발생 원인을 찾아 쓰레기 버리는 행동을 바꾸는 것입니다.

{ 고양이와 바다표범 조사단 }

이가라시 미와코 글·그림. 김정화 옮김. 오늘책
추천 대상: 4~6학년

　『고양이와 바다표범 조사단』은 쓰레기가 가득한 바다를 청소하려는 바다표범과 고양이, 사람들의 이야기를 담은 이야기입니다. 어느 날 시계공 할아버지는 해안가에 쓰러져 있던 바다표범을 구해줍니다. 바다표범이 할아버지에게 무언가 이야기하지만, 할아버지는 바다표범의 말을 알아들을 수 없었습니다. 할아버지는 이 세상 모든 말을 할 수 있는 고양이를 찾아갑니다. 고양이의 통역으로 바다표범들이 쓰레기 때문에 고통받고 있다는 것을 듣게 됩니다. 또 이를 해결하기 위해 바다표범들이 바다를 청소하는 기계 '바다 말끔이'를 발명했다는 것을 알게 됩니다. 할아버지와 고양이는 기계 조립이 서투른 바다표범들을 도와 '바다 말끔이'를 완성합니다.

바다 쓰레기가 넘쳐나는 시대에 기계를 개발하여 바다의 쓰레기를 청소할 수 있다고 생각하게 해주는 책입니다. 초등학생은 바다 쓰레기를 처리하기 위한 전문적인 기계를 생각할 수 있는 단계는 아직 아니지만, 어렸을 때부터 바다 쓰레기 해결 부분에 끊임없이 관심을 가지고 고민해 보는 시간은 꼭 필요합니다. 이번 수업을 통해 바다 쓰레기 처리 기계를 설계해 보고, 설계 내용을 설명하는 시간을 가져봄으로써 연안 정화 활동의 참여 의지를 키울 수 있길 바랍니다.

1. 설명서 해독하기

그림책을 읽기 전, 그림책 앞 면지에 있는 기계 설명서를 실물화상기로 보여줍니다. 이 설명서는 등장인물 바다표범이 설계한 '바다 말끔이' 설명서입니다. 학생들에게는 '바다 말끔이' 설명서인 것을 말해주지 않고, 어떤 설명서일 것 같은지 생각해 보도록 합니다. 설명서가 생소한 글자(바다표범 언어)로 적혀 있기 때문에 그림을 자세히 보여주며 추측해 보도록 합니다.

이 활동은 학생들의 생각이 맞는지 틀리는지 보다는, 그림책에 대한 호기심을 유발하는 데 목적이 있습니다. 따라서 학생이 엉뚱한 내용을 발표하더라도 발표 내용을 수용해 줍니다.

그림책 뒤 면지에는 한글로 '바다 말끔이' 설명서가 해석되어 있으므로 교사가 수업 전에 뒤 면지를 보고 내용을 미리 파악해 두면 좋습니다.

2. '바다 말끔이' 설계하기

그림책을 읽은 후, 나만의 바다 말끔이 기계를 설계해 보는 활동입니다. 그림 그리기 앱을 통해 바다 말끔이 기계를 그려봅니다. 탭 전용 펜이 있다면 보다 세밀한 표현이 가능합니다. 그림 그리기 앱을 활용하기 어렵다면 종이에 그려도 괜찮습니다.

학생들이 활동하기 전, 바다 말끔이 기계를 친환경적으로 설계하기 위해서는 어떤 것을 고려하면 좋을지 학생들과 미리 이야기를 나누어 생각을 활성화하도록 합니다. 예를 들어, 환경을 오염시키지 않으려면 기계를 움직이는 동력으로 무엇을 사용하면 좋을지, 기계를 바닷물이나 연안에서 작동시키려면 어떤 점을 고려하여 재료를 선택해야 할지 간단히 이야기를 나누어봅니다. 그리고 현재 개발된 바다 쓰레기 수거 장치과 관련된 자료를 보여주는 것도 학생들의 생각 확장을 돕는 좋은 방법입니다. 씨빈 SEA BIN[1], 오션클린업 OCEAN CLEANUP[2]의 장치, 망타 Le Manta[3], 해양 쓰레기 수거 무인 청소 로봇[4] 등을 참고 자료로 보여주면 좋습니다.

다음 활동인 '제작 발표회' 때 학생이 자신의 작품을 보며 설명할 수 있도록 다 그린 작품은 이미지 저장을 하도록 합니다.

---

1) 바다의 쓰레기통. 씨빈은 장치 속에 설치된 작은 펌프로 물을 빨아들이게 되고, 바닷속에 떠다니는 쓰레기들이 물과 함께 블랙홀처럼 통 안으로 빨려 들어오는 원리로 쓰레기를 수거합니다. 주로 항구, 정박지 근처에서 사용됩니다.
2) 지구의 해양 플라스틱을 수거하는 비영리 단체입니다. 두 선박이 곡선 형태로 대형 그물을 양쪽에서 펼친 후 바닷속에 있는 폐기물을 수거합니다. 또 강에서 바다로 이어지는 길목에 바다로 유입되는 플라스틱을 막기 위한 장치를 설치해 쓰레기를 수거하기도 합니다.
3) 바다의 쓰레기를 수거하는 쓰레기 청소선입니다. 수거한 바다 쓰레기를 연료로 해서 움직이는 친환경 장치입니다.
4) 국내 연구진이 개발한 상어처럼 생긴 해양 쓰레기 청소 로봇입니다. 1km 떨어진 곳에서는 로봇을 사람이 원격으로 조종할 수 있으며, GPS 기반의 항법 시스템으로 로봇이 자율적으로 이동하며 작업을 수행할 수도 있습니다.

3. 제작 발표회

앞의 활동에서 설계한 '바다 말끔이'를 친구들 앞에서 설명해 보는 시간입니다. 앱으로 그린 '바다 말끔이' 설계도를 교실 TV에 띄워, 그림을 보며 설명할 수 있도록 합니다. 이때 여러 사람이 동시에 온라인 공간에서 화면을 공유할 수 있는 프로그램(예-패들렛, 띵커벨보드 등)을 활용하면 좋습니다. 학생 작품 이미지 파일을 파일 공유 프로그램에 올려두면 발표 이후에도 친구의 작품을 살펴보며 피드백을 주고받을 수 있습니다. 종이 위에 설계도를 그렸다면, 제작 발표회 때는 실물화상기를 이용하여 설계 작품을 화면에 크게 띄워서 활용하면 됩니다.

 그림책 활동 팁!

그림 그리기 앱 조작 방법을 사전에 익히는 시간을 갖습니다

'바다 말끔이' 설계하기 활동에서 사용할 그림 그리기 앱의 조작 방법을 사전에 익혀두면 좋습니다. 학생들이 사용하기에 편하고 직관적인 앱이 활용하기에 편리합니다. 다양한 그림 그리기 앱이 있으므로 사전에 교사가 비교해 보고, 학생들에게 적합한 것으로 선택하도록 합니다.

함께 읽으면 좋은 그림책

『어디 갔을까, 쓰레기』는 계곡에 놀러 간 주인공 산이와 친구들 이야기입니다. 물고기를 잡기 위해 물속을 들여다본 산이는 물고기 대신에 쓰레기만 잔뜩 보게 됩니다. 그리고 산이는 그만 물속에 버려져 있는 유리에 발을 찔립니다. 이 책의 배경은 연안이 아니지만 물속에 함부로 버려진 쓰레기로 인해 자연환경이 오염되고, 사람이 위험에 빠질 수 있음을 잘 보여주는 그림책입니다.

_ 이욱재 글·그림. 노란돼지

9/29

음식물 쓰레기의 날
International Food Loss and Waste Awareness Day

식사 후 남은 한 조각의 빵, 유통기한이 지나 버려지는 우유, 먹다 남은 채소들, 이들은 우리가 쉽게 잊고 지나치는 것들입니다. 그러나 이 음식들이 버려지는 순간, 단순히 음식만 사라지는 것이 아닙니다. 이를 생산하고 운송하는 과정에서 소비된 자원과 에너지, 그리고 버려질 때 발생하는 환경 오염 문제까지 함께 떠안게 됩니다. 바로 이 문제를 되돌아보기 위해 우리는 '세계 음식물 쓰레기의 날 International Food Loss and Waste Awareness Day'을 맞이하게 되었습니다.

음식물 쓰레기를 줄이는 것은 단순히 환경 보호를 넘어서, 미래 세대를 위한 자원 보존이라는 큰 의미가 있습니다. 자원이 점점 고갈되고 있는 현대 사회에서, 작은 실천이지만 음식물 쓰레기를 줄이는 것은 매우 중요한 일입니다. 또한, 이는 경제적으로도 큰 이점을 가져다줍니다. 불필요한 소비를 줄임으로써 가계의 지출을 절감할 수 있고, 국가적으로도 자원 낭비를 방지하는 데 이바지할 수 있습니다.

'세계 음식물 쓰레기의 날'은 우리가 매일 버리는 음식물 쓰레기가 단순히 쓰레기가 아니라, 환경과 자원, 그리고 우리의 미래를 생각하게 하는 중요한 문제임을 상기시켜 줍니다. 그림책을 통해 '음식물 쓰레기'에 대하여 고민하고, 작은 변화부터 실천한다면, 이 거대한 문제를 해결할 수 있을 것입니다. 일상에서 시작하는 작은 실천, 예를 들어 계획적인 식사, 남은 음식의 재활용, 공동체 차원의 노력과 같은 것들이 세상을 더 지속 가능하고 건강한 곳으로 만드는 데 중요한 역할을 할 것입니다.

{ 냉장고 먹는 괴물

이현욱 글. 양수홍 그림. 밝은미래
추천 대상: 1~3학년 }

『냉장고 먹는 괴물』은 갑자기 나타나 온 마을의 냉장고를 다 먹어 치웁니다. 괴물이지만 아이들은 아무도 괴물을 겁내지 않고 오히려 함께 놀이터에서 놀며 즐거운 시간을 보냅니다. 그리고 아이들에게 알 수 없는 말을 합니다. "내가 먹어버려야 너희가 건강해져." 냉장고 먹는 괴물이 나타난 이후 한세네 마을은 냉장고 없는 마을이 됩니다. 그날 먹을 만큼 장을 보고, 남은 음식은 이웃과 나누는 마을이 됩니다. 한세네 마을에서 냉장고가 사라지자 괴물도 그 마을을 떠나게 됩니다. 이 그림책에서는 냉장고의 저장 기능이 오히려 음식물 쓰레기를 더 많이 만들어 낸다는 관점을 제시하고 있습니다. 먹을 만큼 장을 보고, 남는 음식이 없도록 이웃과 나누거나 깨끗하게 먹는 한세네 마을 사람들의 모습은 우리의 식생활 습관을 돌아보게 합니다.

1. 괴물은 왜 냉장고를 먹어버렸을까?

냉장고 먹는 괴물은 왜 냉장고를 먹을까요? 책을 읽고 난 뒤에 학생들과 자유롭게 이야기를 나누어 봅니다. 다양한 의견이 나올 것입니다. 환경 교육적인 유의미한 수업으로 이끌어 가기 위해, 책 속에 나와 있는 괴물의 대사인 "내가 먹어 버려야, 너희가 건강해져."라는 말을 힌트로 줍니다. 괴물이 먹어 버려야 하는 것은 냉장고 속의 어떤 것들인지 이야기를 나눕니다. 그리고 제공된 도안으로 괴물을 만들어 봅니다. 괴물의 입 속에는 괴물이 하고 싶은 말을 적어줍니다. 생각하기 어려워하는 학생들에게는 교사가 예시 문구를 제시해 주면 도움이 됩니다. 접었다 폈다 하며 괴물의 입을 움직이면서 재미있게 음식물 쓰레기를 줄이자는 메시지도 전달할 수 있는 활동입니다.

1. 학습지의 도안을 색칠하고 음식물 쓰레기 줄이기에 대한 메시지를 적어줍니다.

2. 위쪽에 있는 좌우 표시선을 따라 먼저 종이를 위로 접어줍니다.

3. 아래쪽에 있는 좌우 표시선을 따라 반대로 접어 완성합니다.

2. 음식물 쓰레기의 모든 것!

PPT ⬇

　음식물 쓰레기에 대한 인식을 높이고 관련된 지식을 재미있게 배울 수 있도록, 학생들을 대상으로 퀴즈 활동을 진행합니다. 이 퀴즈를 통해 학생들은 음식물 쓰레기와 관련된 상식을 확인해보고, 미처 몰랐던 새로운 정보를 습득할 수 있습니다. 예를 들어, 음식물 쓰레기 중 가장 많은 비율을 차지하는 것이 무엇인지, 음식물 쓰레기를 재활용할 수 있는 방법에는 어떤 것들이 있는지와 같은 흥미로운 질문들이 제시됩니다. 퀴즈를 풀어가는 과정에서 학생들은 자연스럽게 음식물 쓰레기를 줄이는 방법을 배우며, 실제 생활에서도 실천할 수 있는 팁을 얻을 수 있습니다. 또한, 문제를 맞힐 때 마다 점수를 주는 등 보상을 활용하여 더욱 적극적인 참여를 유도할 수 있습니다. 교사는 학급 전체를 대상으로 큰 화면을 통해 문제를 제시하고, 학생들은 팀을 이루어 답을 맞히거나 개별적으로 정답을 추측하며 학습에 재미를 느낄 수 있습니다.

　이 퀴즈 활동은 학생들의 관심을 끌 뿐만 아니라, 음식물 쓰레기 문제의 심각성을 인식하게 하고 이를 해결하기 위한 구체적인 행동을 유도하는 데 큰 도움이 될 것입니다.

3. 미션, 음식물 쓰레기를 줄여라

학습지 ⬇

　음식물 쓰레기를 줄이기 위한 실천 중 학생들이 가장 쉽게 도전할 방법은 싫어하는 음식을 남기지 않고 먹는 것입니다. 평소 자주 남기던 음식이나 도전해보고 싶은 음식을 떠올린 후, 클레이를 이용해 냉장고 자석을 만드는 활동을 진행합니다. 학생들은 클레이로 음식 모양을 만든 후, 그 뒷면에 자석을 붙여 냉장고에 부착할 수 있는 자석을 완성하게 됩니다. 그리고 학습지에 그린 빈 접시에 이 도전 음식을 자석으로 붙여, 학습지를 냉장고에 붙여둡니다.

실천 인증은 학교와 가정에서 함께 이루어집니다. 학교에서는 교실 친구나 교사가 실천을 인증하고, 가정에서는 부모님이 인증을 도와줍니다. 냉장고에 붙여둔 학습지를 볼 때마다 학생들은 실천 의지를 다질 수 있으며, 5번의 인증을 달성하면 성취감을 느낄 수 있습니다. 이를 통해 학생들은 음식에 대한 선입견을 점차 극복하고, 음식물 쓰레기를 줄이는 작은 실천을 통해 큰 변화를 경험하게 될 것입니다.

그림책 활동 팁!

나의 도전이 우리의 도전으로

3번째 활동의 미션 인증에 성공한 친구들에게 급식 시간에 먼저 밥을 받을 수 있는 쿠폰 등을 줌으로써, 모두가 참여하는 분위기를 조성하여 개인의 도전이 학급 전체의 도전이 될 수 있도록 격려하는 것이 좋습니다. 혼자서는 어렵지만 함께하면 더 즐겁고 쉽게 할 수 있다는 가치도 배울 수 있습니다.

함께 읽으면 좋은 그림책

『모두 어디 갔을까』는 어머니의 심부름으로 음식물 쓰레기를 버리러 가던 송이가 알게 되는 지구의 비밀에 관한 이야기입니다. 가정에서 발생하는 많은 음식물 쓰레기 처리를 자원의 순환적인 개념으로 설명하고, 음식물 쓰레기를 폐기할 때 생기는 비용과 에너지를 절감하기 위한 친환경적인 처리 과정을 알 수 있습니다. 가정에서의 실천으로 연결하기 좋은 그림책으로 추천합니다.

_ 김승연 글. 핸짱 그림. 초록개구리

『특명! 냉장고를 구출하라』는 냉장고 속을 하나의 도시로 설정하여, 오랫동안 보관하다가 곰팡이가 피고, 냄새나는 음식물들로부터 냉장고 도시를 깨끗하게 변화시키는 이야기입니다. 냉장고 도시의 모습이 우리 집 냉장고의 모습과 닮았는지, 다른지 비교해보는 재미가 있습니다. 이야기 끝에 음식물 쓰레기에 대한 간단한 정보들도 담고 있어 재미있는 이야기뿐 아니라 유익한 정보도 얻을 수 있어 좋습니다.

_ 멀리사 코피(Melissa Coffey) 글. 조시 클리랜드(Josh Cleland) 그림. 장미란 역. 피카주니어

10/1

세계 채식인의 날
World Vegetarian Day

'치킨 먹고 싶다, 치킨 맛있겠다'는 말은 주변에서 쉽게 들을 수 있는 말입니다. 우리에게 가깝게 다가오는 치킨. 그런데 우리 학생들은 이 치킨이 나의 입으로 들어오기까지의 삶의 과정을 알지 못합니다. 특히 도시 학생들은 책 속에서 자유로운 닭의 모습을 보아왔기에 공장식 축산 농장에서 닭의 삶은 상상조차 하지 못합니다. 그렇기에 채식해야겠구나 하는 생각조차 하지 못하는 것이 아닐까 합니다. 이런 학생들에게 채식에 대한 고민이라도 시도할 수 있도록 하면 어떨지 생각해 봅니다. 세계 채식인의 날은 생명 존중과 환경 보호, 기아 해결과 건강 증진을 목적으로 국제채식연맹 International Vegetarian Union 이 10월 1일로 제정한 날입니다. 매년 인간의 음식으로 이용되고 있는 동물들을 보호하고, 방목으로 인한 산림 파괴를 줄이며, 축산업에 필요한 많은 양의 사료용 곡물을 줄여 기아 문제 해결에도 큰 도움을 줄 수 있다는 점을 알리며, 이날만이라도 인류가 모두 함께 채식하자는 뜻을 전하고 있습니다.

{ 우리를 먹지 마세요!

루비 로스(Roth, Ruby) 글·그림. 두레아이들
추천 대상: 1~2학년

『우리를 먹지 마세요!』는 채식이 대체 무엇을 말하는 건지 그 질문에 답합니다. 학교 선생님이자 완전 채식주의자인(비건) 저자는 어린이들에게 채식에 대하여 설명하고, 공장식 축산 농장에 갇힌 채 고통받는 동물들의 삶을 알려줍니다. 또한 이 책은 온갖 쓰레기와 불법 포획으로 사라지는 바다 생물, 무분별하게 들어서는 목장으로 인해 삶의 터전을 빼앗겨 멸종위기에 놓인 숲속 동물 등의 모습을 사실적으로 담고 있습니다. 무엇을 먹느냐는 우리 모두에게 중요한 문제입니다. 이 책은 우리가 먹는 음식이 어디에서 오고, 무엇을 먹을지의 선택이 지구와 다른 생물에 어떤 영향을 주게 되는지를 생각해 보게 합니다.

그림책 수업을 통하여 우리의 식생활이 지구에 미치는 영향을 알고, 채식이 필요함을 느끼며 채식 식단을 짠 후 가족과 함께 실천해 보고자 합니다.

그림책 활동

1. 문장 완성하기 놀이하기   학습지

그림책을 읽은 후 책의 내용을 확인하며 왜 채식해야 하는지를 생각해 볼 수 있도록 문장 완성하기 놀이를 합니다. 자연 속의 동물들은 어떻게 살고 있는지와 공장식 축산 농장의 동물들은 어떻게 살고 있는지 쓰여 있는 문장 쪽지를 반으로 나눠 학생들에게 나누어 줍니다. 학생 수가 많지 않을 때는 공장식 축산 농장 동물들의 모습이 담긴 쪽지를 먼저 나눠주고 자연 속 동물들의 모습이 담긴 쪽지는 미리 칠판에 붙여둡니다. 학생들은 받은 쪽지를 반으로 접어 돌아다니다가 만난 친구와 가위바위보를 합니다. 진 사람은 이긴 사람에게 먼저 내 쪽지를 보여 줍니다. 비기는 경우에는 서로 보여줍니다. 쪽지를 보고 알맞은 문장이면 교사에게 가져와 함께 읽은 후 칠판에 게시합니다.

2. 지구를 살리는 채식 식단 짜기

식단표에서 채식 음식을 찾아 표시합니다. 그리고 채식 음식을 이용하여 가족과 함께 실천할 수 있는 나의 한 끼 채식 식단을 짭니다. 이때 밥, 국, 반찬, 후식 등의 식단 구성이 되도록 안내합니다. 이 활동을 할 때에 학습지의 식단표 대신 우리 학교의 식단표를 이용하여 진행한다면 학생들에게 더 익숙한 식단을 짤 수 있습니다. 이렇게 작성한 학생들의 한 끼 채식 식단을 모아 우리 반의 채식 식단표로도 만듭니다.

3. 채식 한 끼 마음 전하기

활동 2의 학습지 3번에 하는 것으로, 내가 짠 한 끼 채식 식단을 가족에게 함께하자는 의견을 전하는 활동입니다. 내가 짜놓은 내 한 끼 채식 식단을 옮겨 적고, 내가 짠 채식 식단의 좋은 점이나 함께하고 싶은 마음을 담아 쪽지를 씁니다. 이렇게 쓴 채식 한 끼 마음 쪽지를 가정에 전달하고 함께 실천할 수 있도록 알림장을 통해 안내하고, 실천 인증사진을 학급 소통 방에 올려 실천 의지를 더 높일 수 있습니다.

그림책 활동 팁!

친구의 채식 식단도 실천할 수 있도록 합니다 〔학습지〕

우리 반 채식 식단표를 활용하여 다른 친구들이 짠 채식 식단을 다음에 자기 집에서도 실천해 보는 활동을 지속적으로 하면 좋습니다. 이때 제공되는 식단 쪽지를 인쇄하여 교실에 비치해 두고 필요할 때 수시로 친구들의 식단을 써가서 실천할 수 있도록 합니다. 실천한 후에는 친구의 식단 옆 나의 번호에 실천 인증 표시(도장이나 색칠하기)를 합니다.

채식 음식 찾기 종치기 놀이도 있습니다 〔학습지〕

음식 이름 카드를 잘라서 준비합니다. 음식 이름 카드를 뒤집어 종과 함께 가운데에 놓습니다. 가위바위보로 순서를 정합니다. 순서대로 한 명씩 음식 이름 카드를 뒤집어 음식 이름이 보이게 합니다. 이때 음식 이름이 채식 음식이면 종을 치고 가져가고, 채식 음식이 아니면 그 카드는 따로 모아둡니다. 모든 카드가 없어지면 각자 가진 채식 음식 카드를 세어 많이 가진 학생이 이깁니다.

함께 읽으면 좋은 그림책

『채식하는 호랑이 바라』에서 사냥을 싫어하는 호랑이 바라는 사냥을 하지 않고 살 수 있는 길을 생각합니다. 그러다 우연히 열매 하나를 먹는 새로운 시도를 하게 됩니다. 그동안 먹던 것과는 달라서 어색하기는 하지만 싫지만은 않았습니다. 그리고 바라는 누군가와 함께하고 싶어 합니다. 우리나라에도 채식에 관심을 두는 이들이 늘어나고 있습니다. 이 책을 읽고 바라처럼 누군가와 함께하는 것에 용기를 낼 수 있을 것입니다.

_ 김국희 글. 이윤백 그림. 낮은산

10/17

국제 빈곤 퇴치의 날
International Day for the Eradication of Poverty

아침에 눈을 떠 손쉽게 마시는 한 잔의 물, 간단하게 준비하는 아침 식사, 언제든 손만 뻗으면 쓸 수 있는 전기. 이 모든 것들은 우리에게 너무나 익숙한 일상입니다. 그러나 전 세계에는 여전히 깨끗한 물조차 구하기 힘들고, 충분한 식사를 하지 못하며, 전기 공급도 받지 못하는 사람들이 많습니다. 우리가 누리는 평범한 일상이, 누군가에게는 간절히 바라는 '소원'이 될 수 있다는 사실을 종종 잊고 살곤 합니다.

매년 10월 17일은 이러한 세계 빈곤 문제를 상기시키는 '국제 빈곤 퇴치의 날 International Day for the Eradication of Poverty'입니다. 1987년 10월 17일, 조제프 바레진스키 Joseph Wresinski 신부는 파리 트로카데로 광장에서 빈곤 퇴치를 위한 대규모 집회를 조직했는데, 이때를 기념하여 이후 유엔 UN이 이를 국제 기념일로 공식 지정하게 됩니다.

국제 빈곤 퇴치의 날 International Day for the Eradication of Poverty이 환경 기념일로 자리 잡게 된 배경은 빈곤과 환경 문제가 밀접하게 연결되어 있기 때문입니다. 1992년 리우환경회의는 빈곤층이 자연 자원에 의존하면서도 환경 악화로 생계가 위협받는 악순환을 강조했으며, 이를 해결하기 위해 유엔 UN 지속가능발전목표 SDGs는 빈곤 퇴치와 환경 보존을 통합적으로 접근할 것을 제안했습니다. 빈곤 퇴치 교육은 지속 가능한 자원 활용법과 환경 보호의 중요성을 가르쳐 빈곤과 환경 문제를 동시에 해결하는 데 기여합니다.

또한 빈곤 퇴치 교육은 환경교육과 긴밀히 연결되어 있습니다. 자연 자원의 고갈과 환경 파괴는 빈곤층의 삶을 악화시키지만, 지속 가능한 자원 활용법을 배우면 빈곤 문제를 완화하고 환경을 보존할 수 있습니다. 예를 들어, 지속 가능한 농업 기술이나 재생 가능 에너지 활용법을 통해 자립과 환경 보전을 동시에 실현할 수 있습니다. 이러한 교육은 학생들에게 빈곤과 환경의 연관성을 이해시키고, 지속 가능한 미래를 위한 실천적 아이디어를 탐구하도록 돕는 중요한 기회가 될 것입니다.

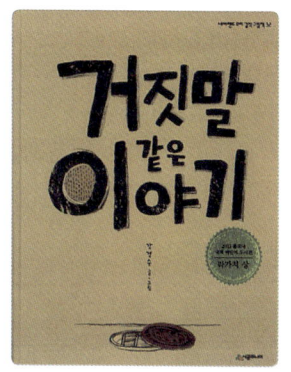

{ 거짓말 같은 이야기

강경수 글·그림. 시공주니어
추천 대상: 전 학년 }

『거짓말 같은 이야기』는 세계의 많은 어린이가 겪고 있는 아픔을 자기소개의 형식으로 보여주고 있는 그림책입니다. 가장 먼저 나오는 친구는 우리 반에도 있을 것 같은 평범한 어린이 '솔이'입니다. 솔이와 같은 나이의 친구들이지만 어떤 친구는 지하 갱도에서 석탄을 실어 올리는 일을 하며 배고픔을 해결하고, 또 어떤 친구는 가족의 빚을 갚기 위해 하루에 14시간씩 카펫을 만들기도 합니다. 이런 거짓말 같은 일들이 거짓말이 아니라는 사실을 깨닫고, 세계적인 문제에 관심을 가지는 것이 이 수업의 목표입니다. 학생들이 직접 경제적인 도움을 주는 현실적으로 어려우므로 빈곤 퇴치를 위해 우리 모두의 도움이 필요함을, 또한 교육이 빈곤 퇴치에 큰 역할을 한다는 인식을 가지는 데 초점을 두고 활동을 구성하였습니다.

1. 만약에 나라면 PPT

이 그림책은 ~에 사는 ~는 이라는 문장이 반복되는 구조로 되어 있습니다. 전체 읽기로 모두가 이 이야기를 들었다면, 모둠에서 한 명씩 돌아가며 이야기를 다시 읽습니다. 이때에는 그림책의 주인공들의 마음에 공감해보기 위해, 특정 인물의 이름 대신에 '나'를 넣어 읽습니다. 예를 들어 그림책에 나오는 '키르기스스탄에 사는 하산은…'이라는 문장을 '키르기스스탄에 사는 나는…'으로 바꾸어 읽는 활동입니다. 다 읽은 후에 이 이야기의 주인공이 나라면 어떨지 ppt를 보며 느낌을 발표해 봅니다. 활동이 빨리 끝난 모둠에게는 함께 읽으면 좋은 그림책에 소개된 책들을 읽어보도록 합니다.

2. 빈곤 퇴치를 위한 바구니를 채워라

현실적으로 학생들이 빈곤의 어려움에 처한 사람들에게 빈곤 퇴치를 위한 경제적인 도움을 직접 주기는 어렵습니다. 그렇지만 이 활동을 통해서 아이들은 지속 가능한 자원 활용, 자연 자원 보호 등을 통해 빈곤을 퇴치할 수 있다는 것을 상징적으로 내면화합니다.

먼저 교실 중간에 세 개의 바구니를 설치하고, 학급 규모에 따라 적정한 인원으로 팀을 나눕니다. 중간의 세 개의 바구니에 '재생 가능 에너지', '모두의 관심과 교육', '지속 가능한 자원의 활용'이라고 적은 종이를 각각 붙이고, 이러한 것들이 빈곤 퇴치에 어떤 도움을 주는지, 교사는 학생들에게 설명하고 게임을 시작합니다. 바구니의 크기에 따라 적당히 채워질 만큼의 양의 콩주머니를 교실 바닥에 쏟아 놓습니다. 시작 신호에 따라 바닥의 콩주머니를 던져 바구니에 넣습니다. 교사는 타이머로 시간을 재고, 학생들은 바닥의 콩주머니가 바구니로 다 들어가 남은 콩주머니가 하나도 없을 때 팀원 모두 '빈곤 퇴치 만세!'라고 외칩니다. '빈곤 퇴치 만세!'라고 외치는 순간의 시간이 가장 적게 걸린 팀이 승리하는 게임입니다.

용어가 어려울 수 있는 저학년 학생들에게는 용어에 대한 설명이나, 쉬운 예시를 들어 이해를 도와줄 수 있습니다.

3. 희망의 그림책 만들기

『거짓말 같은 이야기』는 전 세계적인 빈곤의 현실을 우리에게 보여주었습니다. 하지만 전 세계의 도움으로 언젠가 빈곤은 없어질 수 있다는 희망적인 메시지를 담아 그림책을 다시 만듭니다. 학급의 모든 학생이 한 장씩 그림책을 맡아서 그리고 전체를 엮어 한 권의 책을 만듭니다. 한 장의 종이의 왼쪽에는 어려움을 겪는 친구의 모습이 있지만, 오른쪽에는 우리의 관심과 도움으로 이 친구가 어떻게 변했을지 상상해서 그림을 그리고, 설명을 적어줍니다. 모두의 도움으로 어려움에 처한 친구들이 구체적으로 어떻게 변화할지 상상해 보는 기회를 얻음으로써, 작은 도움이 한 사람의 인생을 바꿀 수 있으며 이런 도움이 모여 많은 사람이 빈곤에서 벗어날 수 있음을, 한 권의 만들어진 책을 통해서 깨달을 수 있습니다. 또 다 같이 만든 그림책의 제목도 정해 붙이고, 책을 교실에 게시하면 이후에도 아이들이 책을 보면서 기억을 되살려, 교육의 효과가 더욱 오래 지속됩니다.

 그림책 활동 팁!

---- 그림 그리기 대신에 콜라주로 대체할 수 있습니다 ----

희망의 그림책 만들기 수업에서 그림을 그리기 싫어하거나 어려워하는 학생들이 있다면 콜라주 활동으로 진행할 수 있습니다. 콜라주(영어: collage)는 시각예술에서 주로 쓰이며 여러 가지 천, 유리, 아크릴, 종이, 나무, 상표 등을 붙여 화면을 구성하는 기법입니다. 신문이나 잡지, 과자나 제품의 포장재에 있는 그림이나 글자를 활용할 수도 있고, 웹서핑을 통해 그림이나 문구를 찾아서 활용할 수 있습니다. 이때는 반드시 사진이나 문구에 대한 저작권이나 초상권에 대한 교육이 미리 선행되어야 합니다. 또한 저학년의 경우에는 그림에 비중을, 고학년의 경우 내용에 비중을 두어 전 학년에서 적절한 난이도를 조절하면서 할 수 있는 활동입니다.

---- 함께 읽으면 좋은 그림책 ----

『**가난한 사람은 왜 생길까요?**』는 빈곤한 사람들, 특히 주변에서 가끔 볼 수 있는 집이 없이 길거리에서 지내는 사람들에 관한 이야기로 시작해서 빈곤, 난민에 대하여 다루고 우리가 어떻게 도울 수 있을지에 대한 생각거리를 주며 이야기가 끝납니다. 삽화만 있는 그림책보다 사실적인 사진이 함께 실려있어 학생들이 빈곤을 조금 더 가까이에 있는 문제로 인식하기에 좋습니다.

_ 질리안 로버츠(Jillian Roberts), 제이미 캐셉(Jamie Casap) 글.
제이 하이릭스 (Jane Heinrichs) 그림. 서남희 옮김. 현암주니어

『**누구나 기회가 필요해**』는 빈곤이 무엇인지, 가난한 사람들이 어떻게 살고 있는지, 빈곤한 삶이 왜 불평등한 삶으로 이어지는지에 대한 개념 설명을 해주는 책입니다. 하나의 이야기라기보다는 빈곤에 대하여 궁금할 수 있는 질문들을 답하는 형식으로 이야기가 전개됩니다. 저학년 학생들에게는 조금 어려울 수 있어서, 중, 고학년 학생들에게 추천합니다.

_ 루이스 스필스베리(Louise Spilsbury) 글. 하나네 카이(Hanane Kai) 그림. 김선영 역. 라임

10/21

세계 지렁이의 날
World Earthworm Day

비가 온 날은 어김없이 길을 걷다가 우연히 지렁이를 마주하곤 합니다. 지렁이의 꿈틀거리는 모습에 깜짝 놀라기도 하지만 이 작은 생명체는 우리가 생각하는 것보다 대단한 일을 합니다. 지렁이가 지나간 자리에는 작은 터널이 생겨 식물 뿌리가 숨을 쉴 수 있게 해주는 것은 물론 물이 잘 스며들 수 있도록 돕습니다. 생명이 살아갈 수 있는 공간의 여유와 성장할 수 있는 에너지의 길을 만들어 주는 것입니다. 이 작은 생명체 덕분에 우리의 밥상은 싱싱하게 자란 채소들로 풍성해집니다.

10월 21일로 지정된 세계 지렁이의 날 World Earthworm Day을 통해 흙 속의 작은 생물에 불과했던 지렁이가 어떻게 우리의 삶을 풍요롭게 하는가를 깨닫게 됩니다. 이 날에는 지렁이에 대해 단순한 감사의 마음에서 끝나는 것이 아니라, 생태계의 중요한 부분으로서 그들을 보호하고 더욱 나은 환경을 만들기 위한 배려의 기회를 갖는 것이 필요합니다.

{ 지렁이 굴로 들어가 볼래?

안은영 글·그림. 길벗어린이
추천 대상: 1~2학년

땅속에 사는 지렁이에 대해 우리는 얼마나 알고 있을까요? 우리가 알고 있는 지렁이에 대한 정보가 모두 진실일까요? 『지렁이 굴로 들어가 볼래?』를 통해 우리는 평소에 궁금해했던 지렁이의 진실과 지렁이가 우리 삶에 주는 다양한 이로움을 알게 될 것입니다. 이 그림책은 지렁이가 토양을 건강하게 하고, 생태계에서 중요한 역할을 한다는 사실을 흥미롭게 소개합니다. 학생들은 지렁이에 대한 새로운 사실을 배우고, 그들이 우리 생활에 얼마나 중요한지 더욱 깊이 이해하게 될 것입니다.

그림책을 읽은 후, 작고 작은 지렁이가 우리 삶에 미치는 긍정적인 영향을 다양한 활동을 통해 살펴보고, 학생들이 지렁이 보호에 관한 캠페인 활동까지 경험함으로써, 우리가 종종 쉽게 지나치기 쉬운 작은 생물의 가치에 대해 깊이 생각해 볼 수 있을 것입니다. 학생들은 자연 속 작은 생명체들이 우리의 생태계와 생활에 어떻게 중요한지를 이해하고, 지렁이를 보호하는 데 참여하며 책임감과 존중의 가치를 배울 수 있을 것입니다.

1. 지그재그 지렁이 책 만들기

그림책을 읽은 후, 학생들은 지렁이에 관한 다양한 정보를 얻게 됩니다. 그런 다음, 가장 기억에 남는 장면에 관해 이야기를 나눠봅니다. 학생마다 기억에 남는 장면은 다를 수도 있고 비슷할 수도 있지만, 이 활동을 통해 학생들은 그림책 내용을 다시 한번 상기하며 더욱 깊이 이해할 기회를 얻게 됩니다.

활동지에 그림책 내용 중 기억에 남는 장면을 그리고, 그에 대한 설명을 글로 작성해 봅니다. 모든 학생이 완성한 그림과 글을 모아 지그재그 책 만들기 방법으로 연결하여 한 권의 책을 완성합니다. 이렇게 완성된 책을 교실에 게시하면, 학생들은 다른 친구들이 어떤 장면을 인상 깊게 느꼈는지 보며 서로의 생각을 비교하고 이해할 기회를 가질 수 있습니다.

1. 그림책 속 기억에 남는 내용을 오른쪽에 쓰고 왼쪽에는 그림 그리기

2. 풀칠이라고 쓰인 부분에 풀칠하기

3. 다른 작품들과 연결하여 완성하기

2. 지렁이 탐구 골든벨 퀴즈

PPT

그림책에 나와 있던 지렁이에 관한 내용을 중심으로 골든벨 퀴즈 활동을 진행합니다. 교사는 미리 골든벨 문제를 10문제 정도 PPT로 준비합니다. 학생들은 골든벨 퀴즈를 풀기 위해 개인별로 보드판과 마커펜을 준비합니다. 퀴즈가 시작되면 교사가 화면에 문제를 보여주고, 학생들은 주어진 시간 내에 정답을 보드판에 작성합니다. 시간이 다 지나면 모든 학생이 동시에 보드판을 들어 정답을 확인합니다.

학생들이 쓴 정답을 확인한 후, 오답을 쓴 학생들이 많다면 그 문제에 대해 학생들이 오해하거나 잘못 알고 있는 내용을 바르게 이해할 수 있도록 교사가 자세히 설명해 줍니다. 이를 통해 학생들이 정확한 정보를 이해할 수 있도록 도울 수 있습니다.

3. 지렁이 보호 배지 만들기

지렁이의 소중함을 깨닫고 그것을 보호하려는 마음을 담아 배지 만들기 활동을 해 봅니다. 학생들은 동그라미 모양의 연습 종이에 어떤 그림과 글을 넣을지 미리 구상하고, 스케치합니다. 스케치가 완성되면 채색 도구를 이용해 색칠하고, 글씨는 검은색 네임펜으로 따라 씁니다.

배지를 완성한 후, 학생들은 자기 가방에 달고 다니거나 다른 사람들에게 선물로 주며 지렁이 보호 캠페인 활동에 참여할 수 있습니다. 이를 통해 학생들은 지렁이의 소중함을 지속해서 생각하고, 보호의 중요성을 상기하며 행동으로 옮기는 경험을 할 수 있게 됩니다.

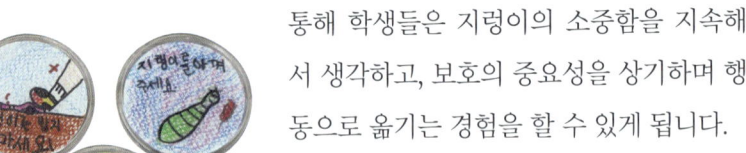

 그림책 활동 팁!

골든벨 퀴즈를 직접 만들어봅니다

저학년의 경우, 퀴즈를 스스로 만드는 것은 어려울 수 있지만, 고학년의 경우 그림책을 읽고 퀴즈를 만들어볼 수 있습니다. 퀴즈를 만드는 과정에서 학생들은 그림책을 다시 읽고 내용을 깊게 이해하게 됩니다. 이렇게 만든 퀴즈를 활용하여 활동에 참여하면 더욱 의미 있는 시간을 가질 수 있습니다. 학생들끼리 만든 퀴즈를 풀어보며 서로의 이해도를 확인해 볼 수 있습니다.

함께 읽으면 좋은 그림책

『지렁이의 불행한 삶에 대한 짧은 연구』는 지렁이의 구조, 색과 크기, 서식지 등 지렁이에 관한 다양한 정보를 얻을 수 있는 그림책입니다. 글보다는 그림들이 많아 어린아이들도 쉽게 이해할 수 있습니다. 지렁이에 관한 유머가 담겨 있어 즐겁게 읽어볼 수 있습니다.

_ 노에미 볼라(Vola, Noemi) 글·그림. 단추

『지렁이 칼의 아주 특별한 질문』에서 보슬보슬한 흙으로 갈아엎으며 날마다 열심히 살아가고 있는 지렁이 칼에게 동물 친구들은 "왜 그런 일을 하는 거야?"라고 질문을 합니다. 이 질문의 답을 찾기 위해 길을 떠나는 칼의 모험을 다룬 그림책입니다. 그림책을 통해 이 세상의 모든 생명체의 소중한 가치와 역할에 대해 생각해 보게 합니다.

_ 데보라프리드만(Deborah Freedman) 글·그림. 이상희 옮김. 비룡소

10/31

세계 도시의 날
World Cities Day

UN에 따르면, 오늘날 세계 인구의 약 55%인 40억 명 이상이 도시에 살고 있다고 합니다. 그동안 도시보다 촌락에 사는 인구가 더 많았던 중국과 아프리카 지역도 개발을 가속화하고 있습니다. 이에 따라 앞으로 도시의 인구는 더욱 증가할 전망입니다. 18세기 후반부터 약 100년 동안 유럽을 기점으로 시작된 산업혁명 이후, 세계는 이전과는 확연히 다른 사회·경제적인 변화를 맞이하게 되었습니다. 도시에 대규모 공장과 일자리가 생기며 인구가 대거 집중되었고, 이에 따라 촌락과 도시의 양극화 현상은 심해졌습니다. 젊은이들이 떠난 촌락은 일할 사람이 부족해졌고 도시는 교통체증, 환경 오염 및 주거시설 등 많은 사회문제를 겪고 있습니다.

전 세계적으로 심각해지는 도시화는 사람들의 건강 뿐만 아니라 환경에도 악영향을 미칩니다. UN은 국가 간 협력을 통해 도시화 문제를 해결하고, 지속 가능한 도시 개발을 위해 2013년 12월, 매년 10월 31일을 세계 도시의 날 World Cities Day로 지정하였습니다. 세계 도시의 날을 통해 환경과 우리의 삶에 도시화가 어떤 영향을 미쳤는지 살펴보고, 기후 위기 상황에서 앞으로 도시가 나아가야 할 방향을 탐구해 보고자 합니다.

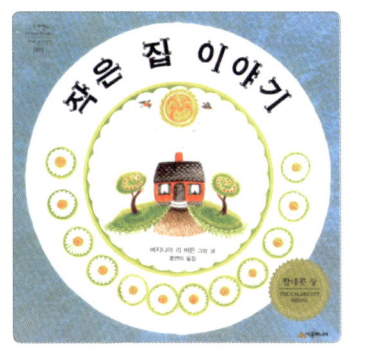

{ 작은 집 이야기

버지니아 리 버튼(Virginia Lee Burton) 글·그림. 홍연미 옮김. 시공주니어
추천 대상: 4~6학년

『작은 집 이야기』는 아주 먼 옛날 시골 마을에 지어진 작은 집 한 채에서 시작됩니다. 금과 은을 다 주어도 절대로 팔지 않겠다는 주인의 바람대로 그 집은 그 자리에 오래도록 남아있었습니다. 그러나 세월이 흐르며 마을의 풍경은 조금씩 변합니다. 사과나무와 데이지 꽃이 가득했던 언덕은 깎여서 도로가 되고, 작은 집은 수많은 자동차와 빽빽한 건물 속에 파묻히게 됩니다. 작은 집은 아무 것도 보지 못하고 느낄 수 없게 됩니다. 예전에 살던 곳을 그리워하던 작은 집은 우연한 기회로 자신이 살던 마을을 닮은 곳으로 돌아가게 됩니다. 그림책을 읽으며 도시화가 진행되는 과정과 그로 인해 발생하는 여러 가지 문제를 살펴볼 수 있습니다. 아울러 인간이 무한한 발전을 추구하며 놓쳐버린 가치는 무엇인지 함께 생각해 봅니다.

1. 옛날과 오늘날 마을의 변화와 특징 살펴보기

그림책의 면지에 작은 집 주변 풍경과 교통수단이 변화하는 과정이 나옵니다. 말을 타거나 마차를 끌던 사람들이 자전거를 타다가 전차와 자동차를 탑니다. 실제 작가가 살던 시대상을 담고 있기에 탈 것들이 비교적 세밀하게 표현되어 있습니다. 그림책을 넘기면 아름다운 자연 속 마을의 모습이 점차 도시로 변화하는 장면이 순차적으로 나옵니다. 산업화와 도시화가 진행됨에 따라 작은 집이 살던 마을은 어떻게 변화했는지 이야기 나눠봅니다. 그리고 더 나아가 작은 집이 간직하고 싶었던 것은 무엇이었을지 생각합니다.

2. 친환경 요소에 대해 피라미드 토의하기   학습지

작은 집이 이사를 떠날 수 있게 된 장면을 읽고 나서, 실제로 많은 사람이 작은 집처럼 시골 마을로 돌아가고 싶어도 현실적으로 어려울 수 있음을 이야기합니다. 그리고 인간과 자연이 조화를 이루는 친환경적이고 지속 가능한 도시의 요소를 선택하는 피라미드 토의를 진행합니다.

가장 먼저 각자 살고 싶은 도시의 친환경적인 요소를 2가지 고르고, 선택한 이유를 씁니다. 그다음은 짝 활동으로 진행합니다. 각자 고른 요소를 한데 모은 후, 짝 토의를 통해 친환경 요소 4가지 중에서 가장 타당한 2가지를 선정합니다. 그런 다음 모둠 토의를 하여 가장 타당하고 동의를 많이 받은 친환경적인 요소 2가지를 선정합니다. 단계별 토의를 통해 의견을 점차 좁혀 가는 방식의 활동입니다. 마지막으로 각 모둠이 선정한 친환경적인 요소를 살펴보고, 함께 이야기를 나누며 마무리합니다.

3. 친환경적이고 지속 가능한 도시 꾸미기

앞의 활동에서 선정한 친환경 요소들을 바탕으로 친환경적이고, 지속 가능한 도시를 꾸며봅니다. 자신이 선택한 친환경 요소가 잘 드러나도록 그림을 그립니다. 그림 밑에 각자가 표현한 도시가 어떠한 친환경적인 특징을 지니고 있는지 적어보고, 모둠 친구들과 함께 이야기 나눕니다. 특징을 적은 부분을 뒤로 접어 앞에서 보이지 않게 하고, 서로의 그림을 보고 친환경 요소를 알아 맞혀봅니다. 활동 후에 완성한 도시 그림을 교실 뒤편에 게시하여 우리 반이 만든 친환경적이고 지속 가능한 도시는 어떠한지 전체적으로 살펴볼 수 있습니다.

 그림책 활동 팁!

그림책을 읽기 전 표지와 면지, 주요장면을 살펴봅니다

저자인 버지니아 리 버튼은 그림책을 통해 본인이 경험한 미국의 산업화 과정이 가져온 폐해와 자연의 소중함을 전하고자 했습니다. 학생들과 그림책을 읽기 전 표지나 면지 그리고 주요장면을 함께 보는 시간을 갖는 것을 추천합니다. 미리 장면을 보며 내용을 예측함으로써 다소 긴 본문을 읽을 때 보다 집중하여 책이 전하고자 하는 메시지를 이해할 수 있습니다.

피라미트 토의를 할 때 다양한 의견을 제시할 수 있도록 격려해줍니다

<활동2>에서 피라미트 토의를 할 때 교사가 학습지로 제시하는 친환경 요소 외에 학생들이 브레인스토밍을 통해 더 많은 요소를 생각해 낼 수 있습니다. 실제로 몇몇 학생들은 친환경 놀이시설과 같이 교사가 제시한 것 외에 다양한 요소를 떠올리기도 했습니다. 학생들이 풍부한 의견을 나눌 수 있도록 격려해줍니다. 또한 여러 가지 친환경적 요소의 의미를 학생들이 잘 이해할 수 있도록 그림이나 사진 자료를 제공하는 것이 좋습니다. 학습지에 제시한 친환경 요소 카드를 활용할 수 있습니다.

함께 읽으면 좋은 그림책

『도시 거리 이야기』는 볼리비아 라파스의 전기 케이블카, 이탈리아 나폴리의 산악 열차와 같은 세계 여러 도시의 친환경적인 교통수단을 소개하고 있습니다. 아울러 교통체증을 없애고, 지구 환경을 살릴 수 있는 여러 가지 방법을 제시합니다. 책의 내용과 우리의 일상생활 속 교통수단을 비교하며, 지구를 위해 어떻게 바뀌어야 할 지 생각해 볼 수 있습니다.

_ 안드레아 커티스(Andrea Curtis) 글. 엠마 피츠제럴드(Emma Fitzgerald) 그림. 권혁정 옮김. 나무처럼

11/19

세계 화장실의 날
World Toilet Day

아침에 일어나 가장 먼저 하는 일 중 하나는 화장실에 가는 일입니다. 우리는 편안하게 세면대에서 양치하고, 변기에 앉아 볼일을 봅니다. 그런 후, 물을 내리고 손을 씻으며 하루를 시작합니다. 이러한 일상적인 경험을 통해 우리의 삶에 위생적인 화장실이 얼마나 중요한 역할을 하는지 알 수 있습니다. 그러나 전 세계에는 아직도 수십억 명의 사람들이 깨끗한 화장실을 사용할 수 없는 환경에 처해 있습니다. 이러한 상황은 사람들의 건강, 교육, 그리고 일상생활에 큰 영향을 미칩니다. 예를 들어 학교에 화장실이 없는 경우 안전 및 위생의 문제로 여학생들은 수업을 중단하거나 학업을 포기하게 되는 일이 발생하기도 합니다.

매년 11월 19일은 유엔UN에 의해 공식적으로 지정된 '세계 화장실의 날World Toilet Day'로, 이날은 깨끗한 화장실의 중요성을 알리고 행동을 촉구하는 데 중점을 둡니다. 세계 화장실의 날은 위생의 중요성을 교육함과 동시에, 환경 문제와

긴밀히 연관되어 있습니다. 위생 시설 부족은 오염된 물로 인한 환경 문제로 이어지며, 이것은 결국 인간과 자연 모두에게 부정적 영향을 미칩니다. 깨끗한 화장실은 단순히 개인의 건강을 보호하는 것을 넘어, 지역 사회와 자연환경의 질을 향상시키는 중요한 요소입니다.

   전 세계에는 아직도 깨끗한 화장실을 사용하지 못하는 사람들이 많아 질병에 걸리기 쉽습니다. 따라서 모든 이가 깨끗하고 안전한 화장실을 사용할 수 있도록 돕는 것은 매우 중요합니다. 환경친화적이고 지속 가능한 위생 시설 구축은 환경 보호와 공공 건강 증진을 동시에 달성할 수 있는 길입니다. 우리 모두가 조금씩 관심과 지원을 기울인다면, 전 세계 사람들이 더 나은 위생 및 생활 환경을 누릴 수 있게 될 것입니다. 이를 통해 우리는 환경교육과 환경 보호의 중요성을 새롭게 인식하고, 더 나은 지구를 만들어 나갈 수 있습니다.

{ 전쟁이 좋아하지 않는 것들

지모아바디아(Ximo Abadía) 글·그림. 라미파 옮김. 한울림어린이
추천 대상: 4~6학년 }

　붉은색 표지가 마치 전쟁으로 인한 피를 연상하게 하는 듯 강렬한 느낌을 줍니다. 『전쟁이 좋아하지 않는 것들』이라는 책의 제목에서도 느껴지듯이 전쟁이 좋아하지 않는 것들에 대해 담담하게 글과 그림으로 엮었습니다. 전쟁은 우리가 느끼는 일상의 소소한 행복들을 싫어하며 무엇보다도 평화를 싫어합니다. 전쟁이라고 하는 것은 다소 무거운 주제일 수 있지만, 현재 세계 곳곳에서 벌어지고 있는 문제에 우리가 모두 경각심을 가질 필요가 있으며 특히 세계 시민으로서 성장하는 우리 아이들도 함께 고민할 문제입니다.

전쟁은 많은 것을 파괴하고 사람들에게 많은 것을 잃게 만듭니다. 전쟁으로 인해 발생한 난민들은 안전한 화장실 시설이 부족하므로 위생 문제의 어려움을 겪게 됩니다. 화장실 시설이 부족하면 난민들은 야외에서 용변을 봐야 하는 상황에 부딪칠 수 있고, 이는 질병 전파의 위험을 높입니다. 특히 콜레라와 같은 질병에 걸릴 가능성이 커지며, 이는 건강에 큰 위협이 됩니다. 어린이와 여성들은 이러한 열악한 위생 조건에서 더 큰 위험에 노출될 수 있습니다. 난민들의 화장실 문제를 주제로 한 수업을 통해 학생들과 세계 시민으로서 함께 고민할 기회를 가질 수 있습니다.

1. 전쟁이 빼앗아 가는 것들

그림책을 읽은 후 학생들과 전쟁이 빼앗아 가는 것들에 대해 생각해 보도록 합니다. 학생들이 그림책 속에 제시된 것 말고도 다양한 것을 생각할 수 있도록 그림책 속 내용 이외의 것들을 쓸 수 있도록 합니다. 전쟁이 빼앗아 가는 것들에는 눈에 보이는 것도 있고, 보이지 않는 것도 있다는 이야기를 미리 해 줘서, 학생들이 다양한 관점에서 전쟁이 우리에게 주는 피해를 생각해 보게 합니다. 자기 생각이 정리되었다면 보드판에 해당하는 낱말을 한 가지씩 쓴 후 칠판에 붙입니다. 학생들이 모두 칠판에 자신의 보드판을 붙인 후, 전쟁이 주는 피해를 눈에 보이는 것과 보이지 않는 것으로 나누어, 학생들이 쓴 낱말을 정리해 봅니다. 이를 통해 학생들에게 전쟁이 여러 측면에서 우리에게 피해를 줄 수 있음을 알려줍니다.

2. 화장실이 없다면?

전쟁으로 인해 사람들은 안전, 위생 문제에 노출되기 쉽습니다. 특히 난민들이 겪는 화장실 문제는 그들의 일상생활과 직접적으로 연결되어, 난민들에게 큰 고통의 원인이 될 수 있습니다. 학생들에게 일방적으로 난민의 겪는 화장실 문제를 설명해 줄 수도 있지만 스스로 생각하는 과정을 통해 난민들의 화장실 문제가 얼마나 심각한지를 깨닫게 해 봅니다. 활동지는 화장실이 없으면 어떻게 되는지 생각을 연결해 나가는 구조로 되어 있습니다. 가장 위에 있는 '화장실이 없습니다.'라는 문장을 시작으로 그 뒤에 어떤 일이 생길지 예상되는 내용을 다음 칸에 이어서 씁니다. 같은 방법으로 각 칸에는 앞의 문장으로 인해 발생하는 결과를 씁니다. 최종적으로 활동지를 완성한 후 화장실이 없다면 어떤 문제가 발생하는지 생각을 나눠봅니다.

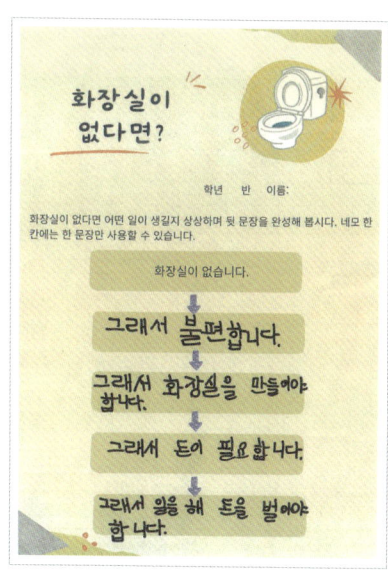
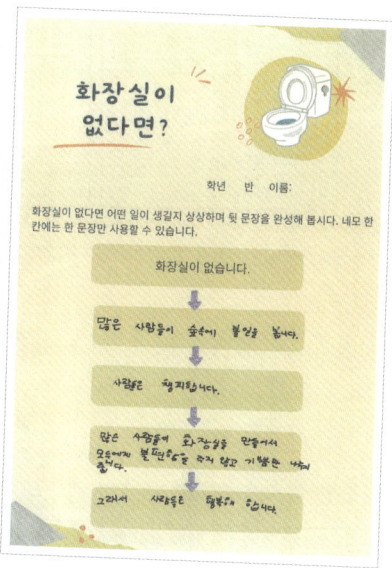

3. 안전하고 위생적인 화장실 설계하기

화장실의 부재로 인해 난민들이 겪게 되는 어려움을 생각하며 안전과 위생을 고려한 화장실을 계획해 봅니다. 활동지는 무대책 부분과 화장실에 필요한 물건을 꾸미는 부분으로 나뉘어 있습니다. 안전하고 위생적인 화장실에 필요한 물건을 그린 후 색칠해 줍니다. 무대책 부분의 일부 선을 잘라 붙여 바닥과 벽이 되도록 입체적으로 만듭니다. 미리 만들어 놓은 화장실에 필요한 물건들을 적당한 위치에 붙입니다. 다 완성된 화장실에 안전성, 위생적인 측면에서 별표를 표시하도록 하여 목적에 부합하는 화장실을 만들었는지 점검해 봅니다. 학생들은 화장실을 완성한 후, 자기 작품에서 안전성과 위생을 어떻게 고려했는지 설명해 봅니다.

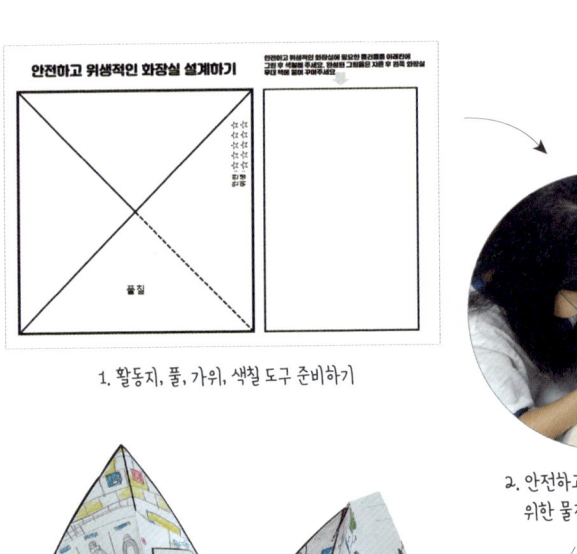

1. 활동지, 풀, 가위, 색칠 도구 준비하기

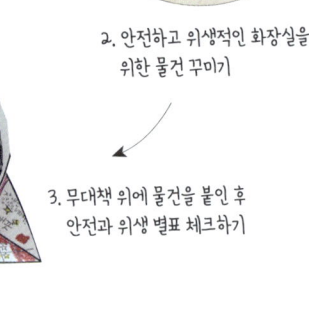

2. 안전하고 위생적인 화장실을 위한 물건 꾸미기

3. 무대책 위에 물건을 붙인 후 안전과 위생 별표 체크하기

 그림책 활동 팁!

에듀테크를 활용해 생각을 정리합니다

<활동 2>의 경우 태블릿을 활용하기 적합한 환경이라면 활동지 대신 '윔지컬' 프로그램을 활용하여 자기 생각을 정리해 볼 수 있습니다. 인터넷에 '윔지컬'을 검색한 후 '순서도' 만들기를 선택합니다. '화장실이 없습니다' 첫 문장을 쓴 후 순서도를 추가하여 이어질 문장을 쓰며 문장을 확장해 나가볼 수 있습니다.

함께 읽으면 좋은 그림책

『달을 묻다』를 통해 우리가 기본적으로 누리고 있는 것들이 다른 나라의 아이들에게는 희망이 될 수 있다는 것을 알게 됩니다. 화장실이 부족하여 마음 놓고 화장실을 편하게 갈 수 없는 여성들의 이야기를 담은 인도 그림책입니다. 인도 시골 마을의 라티카의 이야기를 통해 화장실의 문제가 인권의 문제와도 연결될 수 있음을 생각해 볼 수 있습니다.

_ 앙드레풀랭(Andrée Poulin) 글. 소날리조라(Sonali Zohra) 그림. 밀루 옮김. 미래아이

12/5

세계 토양의 날
World Soil Day

토양은 인간의 삶에서 아주 중요한 요소입니다. 하지만 토양이 사람들의 삶 속에 항상 있다 보니, 사람들은 토양의 존재가 당연한 듯 여기며 토양에 대한 소중함을 잊고 살아갑니다. 오늘 학교나 직장에 가기까지 땅을 밟지 않은 사람은 한 명도 없을 것이고, 하루 동안 땅에서 난 음식을 한 번도 먹지 않은 사람이 없을 텐데도 말입니다. 토양은 오랜 시간 동안 암석 부스러기와 동식물의 유기물이 섞여 생성됩니다. 따라서 토양은 한 번 훼손되면 복구하는 데 시간이 아주 오래 걸립니다. 토양오염은 수질오염이나 대기오염에 비해 눈에 잘 띄지 않아 직접적인 피해를 즉시 확인하기 어렵습니다. 그러므로 토양오염이 심각해진 후에 복구하는 것보다, 토양오염을 미리 적극적으로 예방하고 관리하는 것이 필요합니다.

유엔UN은 2013년에 매년 12월 5일을 세계 토양의 날World Soil Day로 지정하였습니다. 인간 활동에 꼭 필요한 토양의 중요성을 널리 알리고 토양을 자원으로 보호하기 위해서입니다. 우리나라에서도 매해 정부 기관의 주관 아래 세계 토양의 날을 맞아 토양 보전을 위한 각종 행사가 활발하게 이루어지고 있습니다. 학교에서도 세계 토양의 날 수업을 통해 학생들이 토양의 중요성을 깨닫고, 토양오염을 예방하기 위한 적극적인 행동을 할 수 있길 바랍니다.

{ 땅속 마을의 수상한 이웃

노성빈 글·그림. 미세기
추천 대상: 전 학년

    이 책은 포슬포슬하고 포근한 흙이 있는 땅속 마을에서 펼쳐지는 이야기입니다. 땅강아지는 땅속 마을에서 반딧불이 친구와 옆집 두더지 아저씨, 건너편에 사는 지렁이 할머니와 함께 평화롭게 살고 있었습니다. 그러던 어느 날 땅속 마을에 새로운 이웃들이 찾아옵니다.
    새로운 이웃이 마을에 들어온 뒤 땅속 마을의 상황은 많이 바뀌었습니다. 두더지 아저씨와 지렁이 할머니는 병이 들었고, 마을을 떠납니다. 반딧불이는 사라지고, 땅강아지는 이유도 모른 채 한쪽 팔을 잃습니다. 새로운 이웃의 정체는 공장을 세우려고 들어온 각종 공사 차량과 건설 폐기물이었습니다. 또 공장이 가동되면서 생긴 폐기물과 폐수로 땅속 마을 동물들이 병들거나 사라진 것입니다.

『땅속 마을의 수상한 이웃』은 토양오염이 왜 생기고 자연에 어떤 영향을 미치는지 알려줍니다. 이번 수업을 통해 토양오염의 원인을 바로 알고, 토양오염을 예방하기 위해 우리가 할 수 있는 일을 찾아 실천할 수 있었으면 좋겠습니다. 토양이 건강하지 못하면 결국 인간의 삶도 건강할 수 없음을 깨닫는 수업이 되길 바랍니다.

1. 수상한 이웃의 정체는?   PPT

그림책을 읽고 난 후, 수상한 이웃(공장, 포크레인, 덤프트럭, 사람 등)에 대해 이야기를 나누어 봅니다. 수상한 이웃으로 인해 토양오염이 발생하고, 땅속 마을에 여러 어려움이 찾아온 것을 확인합니다.

나는 내 주변에 사는 땅속 동물들에게 수상한 이웃이 아닌지 되돌아봅니다. PPT를 살펴보며 PPT 속에 나온 토양을 오염시키는 행동을 몇 가지 해보았는지 손가락으로 세어봅니다. 토양오염이 결코 멀리 있는 것이 아닌 내 주변에서도 일어나고 있음을 알게 되는 활동입니다. 결국 땅속 마을의 수상한 이웃은 우리가 되겠지요.

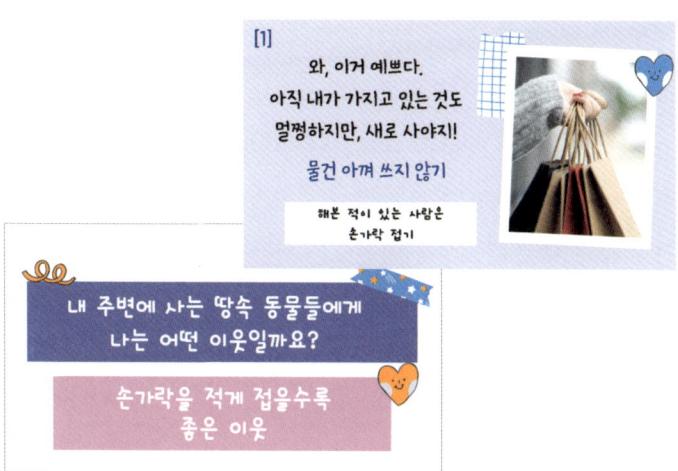

2. 토양을 지켜요!

토양오염을 막기 위해 우리가 할 수 있는 일을 생각해 보며, 학습지에 정리해 봅니다. 공장 가동과 땅에 묻히는 쓰레기를 줄이기 위해 물건을 아껴 쓰는 것, 쓰레기는 자연 분해되는 데 시간이 오래 걸리기 때문에 아무 곳에나 쓰레기를 버리지 않고 분리 배출하는 것, 토양을 황폐화하는 독한 농약을 사용하지 않은 친환경 마크가 있는 농작물을 소비하는 것 등 일상생활에서 할 수 있는 행동을 찾아봅니다.

토양을 지켜요!
① 물건 을 아껴 쓰기
② 쓰레기 는 분리 배출하기
③ 아무곳에나 쓰레기를 버리지 않기
④ 친환경 마크가 있는 농작물 소비하기
⑤ 걷거나 대중 교통을 이용하기
⑥ 자투리땅에 나무 심기
⑦ 친환경 세제 사용하기

3. 토양 보호 슬로건 만들기

우리나라에서는 2015년부터 '세계 토양의 날'을 맞이하여 매년 국문 슬로건을 만들어 토양을 보호하고 그 가치를 알리고 있습니다. 교실에서도 토양 보호 슬로건을 만들어, 학교 복도 및 건물 연결 통로에 전시하여 토양 보호 필요성을 알려보는 시간을 갖습니다.

토양 보호 슬로건을 하나씩 정해 적어보고, 땅과 새싹의 색을 칠합니다. 자르는 선 부분을 잘라 아래 두 면을 겹쳐 붙이면 슬로건이 잘 보이게 학습지가 세워질 것입니다. 학습지 바닥 부분에는 '활동 2. 토양을 지켜요!'에서 했던 학습지를 붙이도록 합니다. 학습지는 새싹 삽화가 있는 것과 없는 것 두 가지 양식이 있습니다. 학생 수준과 요구에 맞게 선택하여 사용하면 됩니다.

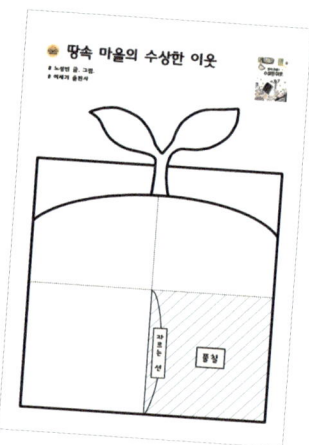

 그림책 활동 팁!

'세계 토양의 날' 슬로건 예시를 참고합니다

'건강한 토양, 건강한 삶을 꿈꾸다!'(2015년), '토양이 살아야 지구가 산다'(2017년), '건강한 토양, 숨 쉬는 지구, 토양의 가치를 소중하게'(2018년), '생명을 품은 토양, 건강한 우리 미래'(2019년), '생명이 시작되는 토양, 모두의 지구'(2022년), '건강한 토양, 미래를 싹 틔우다'(2023년). 해마다 국가에서 지정한 '세계 토양의 날' 슬로건을 참고 자료로 학생들에게 보여주면 좋습니다. 학생들이 슬로건을 이해하는 데 도움이 될 것입니다. 기존 슬로건을 바탕으로 새로운 슬로건을 작성해 보도록 안내해 주시되, 기존 슬로건 중 마음에 드는 슬로건을 적어도 괜찮습니다.

그림책 속 등장인물과 관련된 자료를 보여줍니다

그림책 등장인물 중 땅강아지는 학생들에게 생소한 곤충일 수 있습니다. 그림책 내용을 살펴보기 전에 땅강아지와 관련된 동영상이나 자료를 보여준다면 등장인물에 대한 이해도를 높일 수 있습니다.

함께 읽으면 좋은 그림책

『땅속 아파트 77호』는 땅속 아파트에 괴물이 나타나 여왕개미가 주인공 남자아이 동글이에게 도움을 요청하는 이야기입니다. 동글이는 여왕개미를 도와주기 위해 땅속 아파트에 들어갑니다. 땅속 괴물의 정체는 사람들이 버린 쓰레기였습니다. 동글이는 이웃 사람들과 함께 땅속을 파고 그곳에 묻힌 쓰레기를 치워줍니다. 다양한 땅속 동물을 만나며 괴물을 찾아나가는 이야기 구성으로 저학년 학생들의 시선을 사로잡는 그림책입니다.

_ 김건구 글. 허자영 그림. 수담주니어

12/11

국제 산의 날
International Mountain Day

여러분에게 산은 어떤 존재인가요? 옛날의 산은 주로 어른들의 공간으로 여겨졌다면 이제는 누구나 이용할 수 있는 장소가 되었습니다. 우리는 산에서 가벼운 산책을 하고 때로는 캠핑도 합니다. 또, 계절별로 열리는 축제나 문화 행사를 즐기기도 합니다. 이처럼 우리가 산을 친숙한 공간으로 활용하면서 산의 경제적, 사회적 가치는 더욱 커졌습니다.

하지만 반대로 산의 환경적 가치는 떨어지고 있습니다. 산이 오염되면서 이곳을 집으로 삼던 동식물은 살아갈 터전을 잃었고 해마다 심각해지는 환경문제로 생태계가 무너졌습니다. 이제는 우리가 앞장서서 지속 가능한 산을 만들어가야 할 때입니다. 이러한 기조에 따라 유엔UN은 산의 가치와 중요성을 알리고 보호하기 위하여 매년 12월 11일을 국제 산의 날을 제정하였습니다. 이날만큼은 산림에서 나오는 다양한 자원과 그 가치에 주목하고 야생 생물을 보호하는 마음을 가져보는 건 어떨까요?

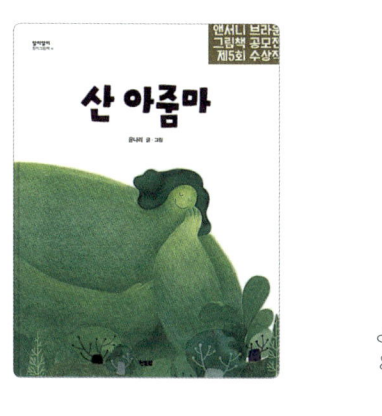

윤나리 글·그림. 현북스
추천 대상: 전 학년

『산 아줌마』는 황폐해진 산의 모습보다는 따뜻하고 친근한 산의 모습을 담고 있습니다. 이를 통해 산을 망가뜨리는 무분별한 개발, 환경오염 등으로부터 산의 아름다움을 보존하고 싶다는 자연 보호의 필요성을 인식하게 만듭니다. 계절의 변화에 따라 다른 특징을 보이는 산의 모습을 귀여운 그림과 다양한 색감으로 표현하고 있으며 사계절 내내 놀러 오는 아이들을 언제나 부드러운 손길로 포근하게 받아주는 '산 아줌마'의 모습을 통해 산의 가치를 느낄 수 있습니다.

새롭게 시작하는 봄, 무더운 여름, 알록달록 물드는 가을, 눈 덮인 겨울을 지나 다시 봄이 오는 계절의 순환을 그림책 속에서 발견하며 학생들이 산의 다채로움을 느낄 수 있기를 바랍니다. 또한 학생들이 인간의 쉼터가 되어주는 산에 감사함을 느끼고 점점 사라져가는 산을 보호하기 위해 우리가 할 수 있는 일을 작은 것부터 찾아 실천하고자 하는 의지를 다질 수 있기를 바랍니다.

1. 산 아줌마의 모습을 상상하여 그리기

책을 읽으며 느꼈던 '산 아줌마'의 이미지를 다시 떠올려봅니다. 친근하고 포근한 산 아줌마의 모습과 그동안 자신이 경험해 온 산의 모습을 비교해 보면서 산을 나만의 캐릭터로 표현합니다. 이때 학생들이 경험한 산의 모습이 산불로 폐허가 된 모습이거나 각종 쓰레기로 더럽혀진 모습이라면 이를 작품에 표현해도 됩니다. 오히려 이러한 작품은 산 캐릭터를 아름답게 표현한 작품과 대비됨으로써 산림보호에 대한 의지를 높여줄 수 있습니다.

내가 종이에 그린 캐릭터는 'animated drawings' 누리집을 통해 움직이는 그림으로 표현됩니다. 여러 동작으로 생동감 있게 움직이는 산 아줌마의 모습을 통해 산이 더욱 친근하게 느껴집니다. 캐릭터를 색칠할 때는 표현하고자 하는 계절, 주제에 알맞은 색감을 사용하도록 하며 완성된 캐릭터가 앱에서 원활하게 움직이게 하려면 팔, 다리는 몸통 밖으로 나와 있도록 그리는 것이 좋습니다.

누리집 접속 QR

2. 산 아줌마, 이젠 우리가 지켜줄게요!

소중한 산을 무분별하게 개발한 결과, 현재 우리 주변의 산이 많이 사라졌습니다. 이 활동은 캠핑과 등산이 하나의 문화가 된 요즘, 삶의 작은 실천들을 이루어 건강한 산의 미래를 만드는 데 초석이 되어주는 활동입니다. 먼저 학생들은 스마트 기기를 활용하여 산과 숲이 주는 이로움을 조사한 뒤 학습지에 적습니다. 이때 개별활동에서 그치지 않고 각자 조사한 바를 모둠, 전체 학생들과 나누도록 한다면 학생들은 산의 이로움을 더욱 다양하게 알아볼 수 있을 것입니다. 산이 자연의 정화조이자 쉼터가 되어준다는 것을 알고 자연 보호의 필요성을 인식할 뿐만 아니라 건강하고 깨끗한 산을 위해 내가 작은 일부터 실천해야겠다는 의지를 다질 수 있습니다.

이어지는 활동에서 학생들이 '산'을 보호하는 방법을 떠올리기 어려워한다면 '자연'을 보호하는 방법으로 관점을 넓혀주셔도 좋습니다. 또한 학생들이 '산에 가지 않는다.'와 같은 방안을 떠올린다면 산과 인간이 공존하면서도 건강하게 산을 보호하는 방법에 접근하도록 안내해주면 좋습니다.

1) 산이 우리에게 준 이로움을 조사해봅시다.
1. 방음벽: 도회지의 온갖 소음에서 벗어나 숲에 들어가면 조용함을 느낄 수 있다.
2. 공기 정화기: 나무는 인체에 해로운 대기중의 먼지 영양소나 질소화합물을 잎의 기공에
3. 자원의 곳간: 여러 가지 나물, 버섯 같은 청정 채소류의 생산자 역할도 합니다.

2) 우리가 산을 보호하기 위해 할 수 있는 일을 생각해봅시다.
내가 먼저, 지금 바로! 실천할 수 있는 일을 생각해보세요.
1. 길의 쓰레기 않버리기 걷기
2. 자동차 대신 자전거, 킥보드 등을 이용하기
3. 필요 없는 종이를 막 사용하지 않기

내가 먼저, 지금 바로! 실천할 수 있는 일을 생각해보세요.
1. 식물을 밟지 않아요.
2. 식물을 치고 다니지 않고 식물을 소중하게 지켜줘요.
3. 나무를 부셔뜨리지 말고 다같이 살아요.

3) 나만의 환경 보호 방법을 실천하고 하트 새싹을 색칠해봅시다.
내가 실천할 방법: 필요 없는 종이 막 사용하지 않기
(예시) 부득이하게 못하는 날은 건너 뛰어도 괜찮아요! 꾸준히 하는 것이 중요합니다.

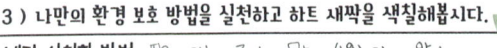

실천한 날							
	5월13일	5월14일	5월16일	5월17일	5월18일	5월20일	5월22일

3. 실천해보자. 쓰레기 플로깅!

플로깅은 환경 보호가 중요해진 오늘날 새롭게 떠오르고 있는 자연 정화 실천 운동입니다. 학생들은 각자 역할을 나누고 학교 주변을 산책하면서 쓰레기를 줍습니다. 환경 보호의 첫걸음으로 학생들이 자신의 생활 반경에 있는 쓰레기를 줍고 분리배출을 실천해 본다면 작은 환경 보호 활동부터 행동하는 것이 얼마나 가치있는지 깨달을 수 있을 것입니다. 쓰레기 줍기가 누구나 언제 어디서든 할 수 있는 활동인 만큼 '플로깅'이 학생들의 삶에 녹아들기 위해서는 학교에서 직접 실천하는 시간이 필요합니다. 이때 창의적 체험활동의 시간을 활용할 수 있습니다.

더 나아가 가정과 연계하여 더 멀리에서 플로깅을 실천할 수 있도록 안내한다면 환경 보호를 위한 두 걸음이 될 수 있을 것입니다. 이때, 다회용 장갑이나 집게를 활용하여 불필요한 쓰레기가 발생하지 않도록 하고 활동 후에는 서로 소감을 함께 나눠 보며 앞으로의 다짐도 함께 할 수 있습니다.

학생들이 주운 쓰레기 목록 정리

 그림책 활동 팁!

나만의 환경보호 활동을 실천하는 것은 매일 하지 않아도 됩니다

2번 활동에서 학생들이 나만의 환경보호 활동을 정하고 실천하다보면 부득이하게 실천하지 못하는 상황을 마주하게 됩니다. 어떤 학생들은 좌절감을 느끼며 포기하게 됩니다. 학생들이 "선생님, 저 내일은 실천 못 하는데 어떡해요?"라고 질문한다면 "괜찮아, 포기하지 않고 꾸준히 실천하는 것이 중요한거야. 내일은 어쩔 수 없이 실천할 수 없다면 내일모레 조금 더 열심히 해보자."와 같이 답해줍니다. 학생들의 마음의 짐을 덜어주는 동시에 꾸준히 환경 보호를 할 수 있는 용기를 심어줄 수 있을 것입니다.

함께 읽으면 좋은 그림책

『**나무가 사라진 나라**』는 나무, 숲의 중요성에 대해 조금 더 직접적으로 말해주는 책입니다. 나무와 숲을 지키며 살아가는 사람들과 돈을 벌기 위해 숲을 없애고 살아가는 나라가 대비되어 숲의 중요성을 한층 더 잘 느낄 수 있습니다.

_ 후지 마치코(Machiko Fuji) 글. 고바요코(Yoko Koba) 그림. 계수나무

『**숲**』은 숲의 생성과 파괴를 통해 무분별한 개발이 자연을 얼마나 망가뜨리는지 보여주는 책입니다. 나무가 무성하던 아름다운 숲은 사람들의 욕심으로 도시가 됩니다. 숲이 사라진 뒤 도시는 어떻게 되었을까요?

_ 마크 마틴(Marc Martin) 글·그림. 아이생각 역. 키즈엠

세계 습지의 날
World Wetlands Day

오늘날 어린이들의 놀이 환경은 다양한 놀이 기구와 시설 등 놀이를 위해 특별히 조성되는 경우가 많습니다. 시간을 조금만 과거로 돌려보면 어린이들은 강가나 호수에서 놀며 자연의 아름다움을 만끽했습니다. 어린이들은 맑은 물이 흐르고, 물가에는 다양한 식물들이 자라며, 물속에서는 물고기와 개구리가 살아가는 모습을 보며 놀았습니다. 하지만 어린이들은 그곳이 단지 놀이터가 아닌, 지구 생태계의 중요한 부분인 습지라는 사실은 몰랐을 것입니다. 습지는 우리의 환경, 경제, 그리고 사회에 필수적인 역할을 하며, 생명의 보고로 불리는 자연 생태계입니다. 어린이들의 강가나 호수에서의 경험은 단순한 놀이의 순간이 아닌, 지구 생태계의 중요한 일부인 습지와의 교감입니다.

세계 습지의 날World Wetlands Day은 1971년 2월 2일 이란 람사르에서 채택된 람사르협약을 기념하기 위해 람사르협약 사무국이 1997년에 지정한 기념일입니다. 이날은 단순한 기념일을 넘어, 우리가 습지 보전에 기여할 수 있는 기회를 제공합니다. 일상생활에서의 작은 실천들, 예를 들어 물을 절약하고, 플라스틱 사용을 줄이며, 습지와 인접한 지역의 오염을 방지하는 활동들은 습지를 보호하는 데 큰 도움이 됩니다. 또한, 지역 사회에서 습지 보호 활동에 참여하거나, 교육을 통해 다음 세대에게 습지의 중요성을 알리는 것도 우리가 할 수 있는 중요한 역할입니다. 앞으로도 우리는 습지를 보호하고, 그 속에서 살아가는 다양한 생명체들과 조화를 이루며 지속 가능한 미래를 만들어 나가야 할 것입니다.

{ 황새 봉순이

김황 글. 사이다 그림. 킨더랜드
추천 대상: 4~6학년

『황새 봉순이』는 서울에서 젊은 시절을 보낸 할아버지가 나이가 들어 유년 시절의 추억이 깃든 마을로 돌아와, 오염된 땅을 다시 생명력 넘치는 비옥한 땅으로 되돌리는 이야기입니다. 할아버지의 마을 사람들은 생산성을 위해 논과 밭에 농약을 뿌리고, 주변에 들어선 공장들은 논과 밭에 폐수를 방류하였습니다. 그 결과 땅은 점점 메말라가고, 곤충이나 동물들이 사라지기 시작합니다. 하지만 할아버지는 달랐습니다. 그는 유기농 농법을 통해 땅을 다시 생명으로 가득한 곳으로 바꾸어 놓았습니다. 작은 벌레들과 곤충들, 그 벌레를 잡아먹는 동물들이 할아버지의 논에 터전을 삼고 살아가게 됩니다. 이러한 할아버지의 노력이 당장 눈에 보이는 결과를 가져오지는 않았습니다. 안타깝게도 할아버지는 황새가 돌아오는 것을 보지 못하고 돌아가시지만, 그 이후에 황새가 다시 찾아오는 놀라운 일이 일어납니다. 과거 우리나라의 텃새였던 황새는 환경 오염과 농약 사용 등의 문제로 사라지게 되었습니다. 그러나 2014년 봉하마을에 황새가 찾아오게 되고, 그 황새에게 마을 사람들이 '봉순이'라는 이름을 붙여주었습니다. '봉순이'의 실화를 바탕으로 한 이야기를 통해 학생들에게 습지의 가치를 상기시킬 수 있습니다. 또한 이 그림책을 통해 습지 문제를 우리의 삶과 함께하는 환경 문제로서 인식할 수 있는 수업이 되기를 기대합니다.

그림책 활동

1. 봉순이가 할아버지께

이 책에 등장하는 봉순이는 할아버지가 돌아가신 뒤에야 마을을 찾아오게 됩니다. 할아버지께서 살아계셨다면 봉순이는 할아버지께 어떤 말을 했을까 생각해보는 시간을 가집니다. 봉순이가 사람처럼 말할 수 있다면 할아버지께 어떤 말을 했을지 생각해보고 편지를 쓴 뒤 종이 비행기에 적어서 날려봅니다. 환경 기념일 수업인만큼, 수업 활동이 환경 보호의 정신에 어긋나지 않도록, 교실에 있는 이면지, 신문지, 재활용의 대상이 되는 종이류를 이용해서 종이 비행기를 만듭니다. 비행기에 접어서 날리는 의미는 습지를 되살리기 위해 노력만 하다가 황새가 돌아오는 것을 보지 못하고 돌아가신 할아버지께 마음을 전하는 데 있습니다. 봉순이라면 할아버지께 어떤 말을 전하고 싶었을지 고민하는 시간을 통해, 이 책이 개개인에게 어떤 메시지를 주는지 생각해 볼 수 있습니다. 동시에 교실 앞으로 비행기를 날리고, 가장 앞에 있는 비행기를 뽑아 읽어본다든지, 특정 위치를 정해놓고 그 위치에 가장 가깝게 날린 비행기를 뽑아서 읽어본다면 다른 사람들의 감상도 자연스레 나눌 수 있습니다.

2. 습지란 무엇인가요? 학습지

『황새 봉순이』를 읽고, 학생들은 습지가 무엇인지 알아보는 책 만들기 활동을 진행합니다. 『황새 봉순이』는 깨끗한 습지로 돌아온 봉순이의 이야기를 담고 있지만, 습지에 대한 구체적인 지식이나 정보를 제공하기는 어렵습니다. 습지를 보호하기 위해서는 우선 습지가 어떤 곳인지에 대한 기본적인 이해가 필요합니다. 이를 위해 별도의 조사 활동을 통해 습지에 대한 지식을 얻고, 학생들이 습지 생태계에 관심을 가지도록 유도하는 의도로 이 활동을 구성했습니다.

책 만들기 도안은 학습지로 제공합니다. 도안대로 선을 따라서 오리고 접으면 간단하게 책을 만들 수 있습니다. 책을 만들면서 학생들은 능동적으로 지식을 구성하고 자기화하는 경험을 할 수 있습니다. 학생들은 그림책을 참고하거나, 태블릿이나 컴퓨터를 활용해 습지에 서식하는 동식물을 직접 찾아보고, 그림을 그리며 습지 생태계에 대하여 학습할 수 있습니다.

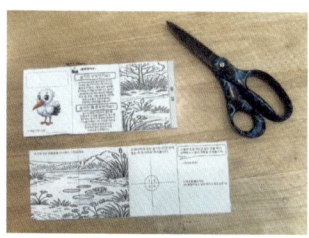

1. 제공되는 학습지의 책 만들기 도안의 겉 테두리를 가위로 오립니다.

2. 그림책을 하나로 연결합니다.

3. 책 속의 내용을 조사 활동을 통해 채워 넣습니다.

4. 표지부터 앞뒤로 번갈아 가며 접어 책 형태를 완성합니다.

또한, 2월은 일부 지역에서는 겨울방학 중이기 때문에 가족과 함께 하는 활동으로 안내할 수도 있습니다. 우리나라에 있는 습지들을 조사하면서 가까운 습지가 어디에 있는지, 내가 알고 있는 지역에 어떤 습지가 있는지 알아보는 과정을 통해 자연스럽게 가족이 함께 습지에 대한 관심을 가질 수 있습니다. 이를 통해 학생들이 가족과 함께 습지를 직접 방문하여 체험할 수 있는 경험으로 확장할 수도 있습니다.

3. '황새 봉순이와 습지 친구들' 역할극 하기   학습지

『황새 봉순이』를 통해 학생들은 습지에 관심을 가지게 되었고, 이를 보호해야 한다는 동기를 얻었습니다. 누군가의 마음을 온전히 이해하기 위해서는 그 사람의 입장에서 생각해보는 것이 가장 효과적입니다. 따라서, 『황새 봉순이』에 나오는 황새와 할아버지를 중심으로 가상의 인물들을 추가하여 습지를 지키자는 메시지를 담은 역할극을 진행해 보는 것을 제안합니다. 학생들의 학습 능력에 따라 직접 대본을 작성해보는 것도 추천합니다. 이야기의 흐름을 어떻게 구성할지, 어떤 대사를 쓸지 고민하는 과정을 통해 습지 생태계를 구성하는 동식물들의 아픔과 고민을 더 깊이 이해하고 공감할 기회를 제공합니다. 만약 대본 작성이 어렵다면, 예시 역할극 대본을 학습지 형태로 제공하여 활용할 수도 있습니다. 또한 이 활동의 주요 목표는 습지 보호에 대한 내적 깨달음이므로, 역할극이 끝난 후 학생들과 소감을 나누는 시간을 가지면 더욱 효과적일 것입니다.

 그림책 활동 팁!

면지를 빠뜨리지 않고 꼭 읽는 것이 좋습니다

그림책의 첫 페이지가 시작되기 전, 면지의 그림과 연결되는 프롤로그 형식의 이야기가 6면 있습니다. 주인공 할아버지에 대한 배경 지식이 되는 중요한 이야기이니 꼭 빠뜨리지 않고 모두 읽어야 이 그림책의 감상을 충분하게 할 수 있습니다. 면지에 대한 경험은 학생들에게 그림책을 읽는 새로운 재미를 맛보게 해줍니다.

함께 읽으면 좋은 그림책

『**습지는 숨 쉬는 땅이야**』는 습지에 대한 전반적인 지식을 전달하는 책으로 여러 단계로 나누어서 습지를 설명하고 있어서, 조사 활동에 참고하기 좋습니다. 습지를 20년 넘게 찾아다니며 연구하는 전문가가 쓴 책이기 때문에 쉽고 재미있게 습지에 대하여 알 수 있습니다. 또한 풍성한 삽화는 아이들이 다양한 습지 생태계의 모습을 감상하고, 습지를 이해하는 데 도움이 됩니다.

_ 이효혜미 글. 이해정 그림. 시공주니어

『**잃어버린 갯벌, 새만금**』은 대표적인 습지 중의 하나인 갯벌에 관한 이야기입니다. 갯벌이 메말라 이제는 새들의 먹이가 없어져 다시는 찾아오지 않는 도요새를 기다리는 사람들의 이야기로 삽화가 아닌 실제로 찍은 사진으로 그림책이 구성되어, 비극의 현장을 더욱 생생하게 전달해 줍니다. 너무 사진이 사실적이라 저학년 학생들보다는 중학년 이상의 학생들에게 추천합니다.

_ 우현옥 글. 최영진 사진. 미래아이

2/ 셋째 주 일요일

세계 고래의 날
World Whale Day

푸른 바다 위를 거침없이 헤엄쳐 나가는 고래의 모습을 텔레비전에서 볼 때면 마치 화면 밖으로 뛰쳐나올 것 같은 느낌마저 듭니다. 그런 고래의 강인한 모습 때문일까요? 늘 우리 곁에 함께 친구처럼 있을 것 같은 고래가 먼 미래에는 사라져 버릴 수 있어 국제 멸종 위기종으로 관리되고 있습니다. 수천만 년 이상 지구에서 살아남은 고래가 인간의 파괴적인 어업, 해양 쓰레기로 인해 지금 지키지 않으면 사라질지 모릅니다.

따라서 전 세계적으로 고래를 보호하고 그 중요성을 알리기 위해 매년 2월 셋째 주 일요일에 세계 고래의 날 World Whale Day을 기념하고 있습니다. 1980년 하와이 마우이에서 처음 시작되었으며, 고래와 그들의 서식 환경에 대한 사람들의 인식을 높이고 보호 활동을 장려하기 위해 제정되었습니다. 이날은 단순히 고래를 기념하는 것을 넘어, 실제로 그들을 보호하기 위해 우리가 어떤 책임을 져야 하는지를 깊이 생각해 보는 시간이 되었으면 합니다. 고래는 혼자서는 자신을 지킬 수 없습니다. 고래는 우리가 지키기 위해 노력해야 할 대상입니다. 우리가 작은 노력을 이어나갈 때, 고래들은 계속해서 그들이 속한 바다를 지키며 우리의 미래를 위한 아름다운 존재로 남아있을 수 있을 것입니다.

{ 고래를 삼킨 바다 쓰레기

유다정 글. 이광익 그림. 와이즈만 북스
추천 대상: 1~2학년 }

    이 책은 바다 쓰레기가 생태계를 어떻게 파괴하고, 인간에게 어떤 위협을 가하는지 직관적으로 알게 합니다. 바다 쓰레기의 대부분은 사람들이 일상생활 속에서 버려진 것들입니다. 특히, 바다 쓰레기로 인해 고통스러워하는 고래 모습을 통해 학생들은 우리가 지금 버리는 쓰레기 하나가 생태계에 어떤 영향을 미치는지 알게 되며 이것이 결국 인간에게 돌아온다는 것을 배웁니다.

    그림책을 읽은 후, 고래는 어떤 동물이며 우리에게 주는 이로움에 대해 살펴봅니다. 그리고 바다 쓰레기를 삼킨 고래의 감정에 공감하며 우리가 물건을 사서 사용하는 것은 결국 쓰레기를 만들어내고 있다는 것을 배웁니다.

1. 그림책 열두 고개 퍼즐

학습지

그림책을 읽기 전 '그림책 열두 고개 퍼즐'을 통해 학생들에게 고래에 관한 다양한 정보를 배우고 그림책에 관해 관심을 갖게 합니다. 우선 퍼즐 앞면을 12칸으로 나눠 번호를 쓰고, 뒷면에는 고래에 관한 다양한 힌트를 준비합니다. 준비한 퍼즐을 그림책 표지 앞면에 붙인 후 학생들이 퍼즐 위에 번호를 선택하면 교사는 번호 뒤에 있는 문제의 힌트를 줍니다. 퍼즐을 하나씩 뒤집을 때마다 퍼즐 뒤에 숨겨진 그림책 표지가 조금씩 보이기 때문에 학생들은 퀴즈의 정답이 그림책과 연결되어 있음을 알게 됩니다. 열두 개의 퍼즐에 숨겨진 힌트를 모두 보기 전에 학생들이 정답을 먼저 말하게 되더라도 퍼즐을 하나씩 뒤집어 고래의 특징 및 고래가 우리에게 주는 좋은 점에 관해 이야기를 나눕니다.

2. 고래의 감정 읽기

그림책을 읽은 후에, 학생들은 그림책의 주인공인 고래의 감정을 공감하는 활동을 진행합니다. 우선, 그림책 속 고래의 표정과 상황을 관찰하며 고래가 어떤 감정을 느꼈을지 추측해 봅니다. 그런 다음, 활동지에 제시된 다양한 감정 단어들을 읽어본 후, 고래의 감정과 가장 잘 어울리는 단어를 선택해 씁니다. 이때 활동지의 감정 단어들은 학년에 맞게 학생들의 어휘 수준을 고려하여 제시하는 것이 필요합니다. 선택한 단어를 바탕으로 고래가 왜 그러한 감정을 느꼈는지 문장을 완성해 봅니다. 활동지를 완성한 후에는, 각자 자신의 답변을 발표하여 고래의 감정에 대한 의견을 다른 학생들과 공유합니다. 이 과정을 통해 학생들은 그림책 속에 직접 표현되지 않은 고래의 감정을 이해하고, 그림책을 더욱 깊게 읽을 기회를 가집니다.

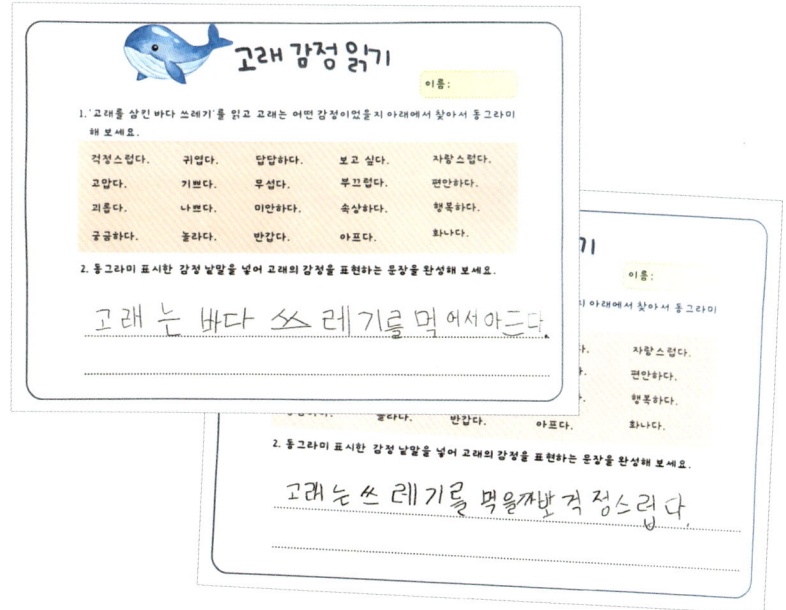

3. 고래를 삼킨 우리 집 쓰레기

그림책을 읽으며 고래를 죽게 만든 많은 쓰레기가 우리의 생활 속에서 발생되는 쓰레기임을 알게 됩니다. 학생들이 마트에서 배부되는 홍보 전단지를 살펴보며, 평소 가정에서 사용하는 물건 중 다 사용한 후 쓰레기가 발생하는 물건을 찾아보게 합니다. 그리고 해당하는 물건들의 사진을 오려 고래에 붙입니다.

학생들은 이 활동을 통해 자신들이 사용하는 물건을 사용한 후에 정말 많은 쓰레기가 발생한다는 사실을 알게 되며 결국, 이러한 쓰레기들이 썩지 않고 바다로 가게 되면 고래를 멸종시키는 원인이 됨을 깨닫게 됩니다. 마지막으로 쓰레기가 바다로 가지 않기 위해서 우리는 어떠한 노력을 해야 하는지 함께 이야기 나누며 마무리합니다.

 그림책 활동 팁!

플로깅 Plogging과 비치코밍 Beachcombing에 대해 알려줍니다

환경 보호를 실천하는 대표적인 방법으로 플로깅이 있습니다. 플로깅의 경우 스웨덴에서 시작된 운동으로, 조깅을 하면서 동시에 쓰레기를 줍는 활동을 말합니다. 요즘은 일반화되어 학생들도 많이 참여하고 있습니다. 해변에서 바다로 밀려온 쓰레기를 줍는 것은 비치코밍이라고 합니다. 조금은 낯선 용어이지만 해양 쓰레기의 위험성에 관한 수업을 할 때 학생들에게 알려주고 바닷가를 여행 갔을 때 실천할 방법으로 알려줄 수 있습니다.

함께 읽으면 좋은 그림책

『고래의 날』은 글이 없는 그림책으로 도시 속에 등장하는 고래 이야기를 담고 있습니다. 도시에 나타난 고래로 인해 혼란스러워하는 사람들의 표정과 고래를 공격하는 군인들의 모습을 통해 동물과 인간의 생존 관계에 대해 생각해 볼 수 있는 책입니다. 글이 없기에 아이들과 함께 장면을 보고 이야기를 상상하며 창의력을 발휘해 볼 수 있습니다.

_ 다비드 칼리(Davide Cali) 글. 토마스 카로치 그림. 썬더키즈

『고래야 사랑해』에서 사람들은 편리를 위해 다양한 물건을 삽니다. 이로 인해 발생하는 쓰레기는 우리가 사는 공간 및 동물들에게 큰 피해를 주게 됩니다. 그러나 이것은 결국 인간에게 부메랑처럼 돌아오게 됩니다. 『고래야 사랑해』는 바로 사람들이 버린 쓰레기가 고래에게 어떤 피해를 주며, 해양 오염 때문에 죽어가는 고래를 위해 우리들이 실천할 수 있는 것들에 관한 이야기를 담고 있습니다.

_ 바루 글·그림. 김여진 옮김. 올리

2/27

국제 북극곰의 날
International Polar Bear Day

국제 북극곰의 날International Polar Bear Day은 2월 27일입니다. 추운 겨울 종업식 전 눈이 소복이 내린 날, 오늘이 바로 북극곰과 그들의 서식지 보호에 대해 배우기 딱 좋은 날이라는 생각이 들었습니다. 그림책 표지를 보여주며 특별한 날에 관해 이야기합니다. "여러분, 2월 27일은 국제 북극곰의 날이에요! 이날은 북극곰이 얼마나 중요한지, 그리고 우리가 어떻게 도와줄 수 있는지 알아보는 날이랍니다." 학생들은 호기심 가득한 표정으로 그림책을 바라보며, 북극곰에 대해 생각해 보기 시작합니다.

국제 북극곰의 날International Polar Bear Day은 북극곰의 보호와 그들이 직면한 환경적 위협에 대한 인식을 높이기 위해 제정되었습니다. 지구온난화로 인해 북극곰의 생존이 위협받고 있습니다. 국제 북극곰의 날은 단순히 하나의 날이 아니라, 우리 일상에서 북극곰과 그들의 생태계를 보호하기 위한 작은 실천들을 되새기는 날입니다. 오늘의 배움이 학생들에게 북극곰을 보호하기 위한 실천을 지속하게 만드는 작은 씨앗이 되기를 바랍니다.

{ 북극곰 살아남다

캔디스 플래밍(Candace Fleming) 글. 에릭 로만(Eric Rohmann) 그림.
미술연필 옮김. 보물창고
추천 대상: 1~3학년

『북극곰 살아남다』는 어미 북극곰과 쌍둥이 새끼 북극곰 가족이 북극에서 살아남는 여정을 그리고 있습니다. 새끼 북극곰이 태어나서 처음 맞는 사계절을 따라가며 북극곰이 겪는 어려움을 생생하게 묘사하고 있습니다.

4월, 태어나서 다섯 달 동안 굴속에만 있던 아기곰들이 처음으로 세상에 나오며 이야기는 시작됩니다. 늑대의 위협에 맞서기도 하고, 중간에 쉴 수 있는 얼음이 없어 아기곰들이 완전히 지칠 때까지 헤엄치기도 하며 얼음으로 뒤덮인 허드슨만을 향해 열심히 이동합니다. 예측할 수 없는 날씨와 이전보다 늦어진 해빙 시기에 우여곡절이 있었지만, 북극곰 가족은 무사히 허드슨만에 도착합니다.

그림책은 아기곰들이 첫 사계절은 무사히 살아냈지만 앞으로 또다시 올 봄, 여름, 가을, 겨울을 계속 잘 살아남을 수 있을지에 대한 질문을 던집니다. 이 책을 통해 북극곰의 사계절 생활 모습을 알아보고, 북극곰의 삶을 위협하고 있는 것은 무엇인지, 북극곰을 보호하기 위해 우리가 할 수 있는 일은 무엇일지 함께 생각해 보고자 합니다.

1. 북극 빙하의 변화 모습 살펴보기

그림책을 읽기 전, 북극 빙하의 실제 변화 모습을 살펴보는 활동입니다. 구글어스 타임랩스를 검색하면 과거부터 현재까지 북극 빙하의 변화 모습을 눈으로 확인해 볼 수 있습니다. 북극의 어느 지역을 봐도 상관없지만, 빙하의 변화가 확실히 두드러지는 부분은 '그린란드 빙하'입니다. 구글어스 타임랩스에 '그린란드 빙하'를 검색하고 화면을 축소하여 보여주면 좋습니다.

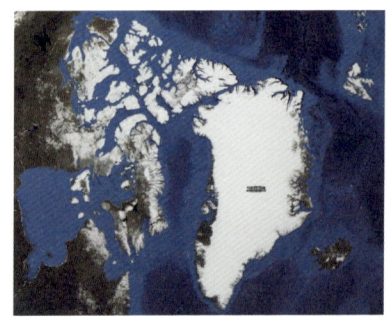
그린란드 빙하 1930년

그린란드 빙하 2020년

출처: 구글어스 타임랩스

2. 북극곰을 위협하는 것 vs 북극곰을 살리는 것

그림책을 읽고 북극곰이 직면한 문제에 대해 이해하는 시간을 가집니다. 먼저, 그림책을 통해 북극곰의 생활과 그들이 처한 위기를 알아봅니다. 책을 읽은 후, 북극곰의 생존을 위협하고, 빙하가 녹는 이유를 그림책 뒷부분을 참고하여 발표하고 칠판 왼쪽에 적습니다.

다음으로, 북극곰을 살리는 방법을 함께 생각해 보고, 칠판 오른쪽에 적습니다. 이 활동은 그림책 내용 확인이자 북극곰을 보호할 수 있는 다양한 방법을 알아보는 활동입니다. 또한 활동 3을 위한 준비 과정이므로 브레인스토밍을 통해 최대한 많이 생각하도록 합니다.

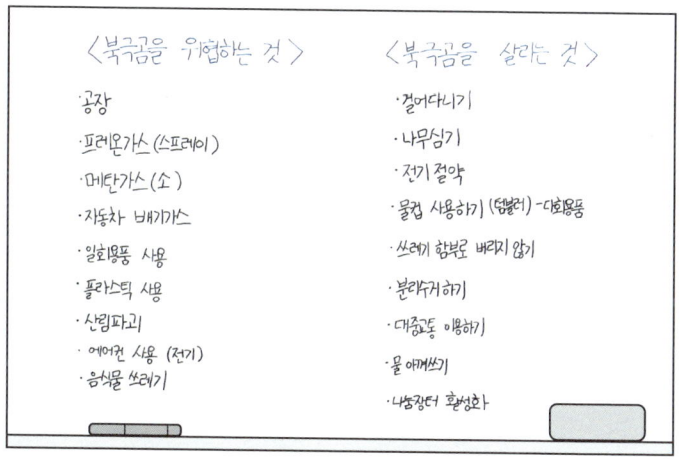

3. '북극에서 살아남기' 놀이

PPT

빙하가 사라지면서 북극곰의 이동이 어려워지는 것을 간접적으로 체험해 볼 수 있는 놀이입니다. 교실 앞은 육지, 교실 바닥은 바다, 교실 뒤는 허드슨만Hudson Bay, 원마커Round Marker는 해빙, 학생들은 북극곰을 상징합니다. 책상을 모두 밀고 교실 공간을 최대한 넓게 만든 후 곳곳에 원마커를 놓습니다. 교실 앞에서 교실 뒤로 원마커를 밟고 이동하는 놀이이고, 원마커가 아닌 교실 바닥에 몸이 닿으면 탈락입니다.

놀이는 두 팀으로 나눠서 진행하는데, 1라운드에서는 A팀이 칠판을 보지 않고, 활동 2에서 알아본 빙하가 녹는 이유를 말합니다. A팀이 이유를 하나씩 말할 때마다 원마커를 하나씩 제거하고 제한 시간(5초) 내에 B팀은 원마커에서 원마커로 한 칸씩 이동합니다. 교실 중간(바다)에 남아있는 사람이 없으면 놀이는 끝납니다. 2라운드에서는 마찬가지로 A팀이 활동 2에서 알아본 북극곰을 살리는 방법을 말합니다. A팀이 하나씩 말할 때마다 원마커를 추가하고 B팀은 제한 시간(5초) 내에 원마커에서 원마커로 이동합니다. 2라운드가 끝나면 A팀, B팀을 바꿔서 놀이를 한 번 더 진행합니다.

원마커의 개수에 따라 교실(바다)을 건너는 것이 어렵거나 쉬워짐을 직접 체험해 보고 북극곰에게 해빙이 얼마나 중요한지를 느껴봅니다. 상황이 된다면 더 넓은 공간(체육관, 강당)에서 놀이를 진행해도 좋습니다.

 그림책 활동 팁!

빙하가 녹는 것이 우리의 생존과도 관계가 있음을 알려줍니다

영구동토층이 녹으며 수만 년 동안 얼어있던 고대 바이러스가 방출될 위험에 놓여 있습니다. 이러한 바이러스들은 인간에게 어떤 영향을 줄지 예측할 수 없기에 좀비 바이러스라고도 불립니다. 빙하가 녹는 것이 비단 북극곰에게만 영향을 주는 것이 아니라 우리의 생존에도 영향이 있음을 알려주면 학생들의 관심을 더욱 끌 수 있습니다.

함께 읽으면 좋은 그림책

『**빙하가 사라진 내일**』은 영화관 스크린 비율(2.39:1)의 널찍한 판형에 광활한 자연의 모습을 담은 한 편의 다큐멘터리 같은 그림책입니다. 얇아진 빙하기 길라지며 엄마와 떨어진 아기곰은 우리에게, 이제 어떻게 해야 하느냐고 묻고 있습니다. 그림책은 그래도 포기하지 않고 용기를 낸다면 희망이 있다는 메시지를 전하고 있습니다.

_ 로지 이브(Rosie Eve) 글·그림. 한울림어린이

환경교육 추천 사이트

국가환경교육 통합플랫폼(www.keep.go.kr)

산재되어 있던 환경교육 자원을 통합 관리하고, 사용자 맞춤 환경교육 서비스를 제공하기 위해 구축된 환경교육 통합정보 시스템입니다. 온라인학습, 프로그램·콘텐츠 등 총 47,000여 건의 환경교육콘텐츠를 제공하고 있습니다. 수업 시간에 활용할 수 있는 다양한 자료가 곳곳에 보물처럼 숨어있는 사이트입니다.

국립공원공단(www.knps.or.kr)

우리 나라의 국립 공원의 소식과 사진을 제공합니다. 생태계복원(반달가슴곰, 산양, 여우, 식물, 훼손지 복원), 자원 보전(국립공원깃대종, 멸종위기종관리 등) 등 국립공원자원에 대한 정보를 제공하고 있어 환경교육에 활용할 수 있습니다.
- 관련 기념일: 국제 생물 다양성의 날(5월 22일)

국립생물자원관(www.nibr.go.kr)

우리나라의 다양한 생물들을 체험할 수 있는 전시관과 생물 다양성의 소중함과 생물자원보전의 중요성을 이해할 수 있는 다양한 교육 프로그램을 예약 신청할 수 있습니다. 발행물 중 생물 다양성 E-book을 환경교육에 활용할 수 있습니다. 또한, 해마다 직접 개최하는 세밀화 공모전에도 참여해 볼 수 있습니다.
- 관련 기념일: 국제 생물 다양성의 날(5월 22일)

국립생태원(www.nie.re.kr)

직접 전시관 관람이나 생태 관련 전시 해설, 생태교육 프로그램을 예약 신청할 수도 있습니다. 기획 전시는 온라인으로 360° VR 전시보기를 할 수 있고, 직접 출판한 도서도 확인할 수 있습니다. 특히 멸종위기 야생동물과 습지 보전에 대한 정보가 잘 정리되어 있습니다.
- 관련 기념일: 국제 생물 다양성의 날(5월 22일)

기상청 기후 정보 포털(www.climate.go.kr)

기후 변화 과학정보를 중점적으로 소개하며, 기후 변화 연구에 필요한 자료들의 데이터베이스를 구축하여 기후 변화 탐지 모니터링 등을 제공하고 있습니다. 또한, 기후 용어 사전을 제공하고 있어 환경교육에 활용할 수 있습니다.
- 관련 기념일: 세계 기상의 날(3월 23일)

초등환경교육연구회, 지구하자(blog.naver.com>jiguhaja)

환경교육에 관심과 열정이 있는 교사들의 연구 모임으로, 실제 수업 현장에서 활용하기 좋은 자료가 많은 블로그입니다. 초등학교 학년군에 맞는 다양한 환경교육 자료 및 계절별·월간별 환경 수업 자료가 있습니다. 다양한 환경 문제를 교육할 수 있도록 현직 교사들의 고민과 노력이 담겨있습니다.

한국환경공단(www.keco.or.kr)

환경오염방지·환경개선·자원순환 촉진 및 기후 위기 대응을 위한 온실가스 감축 사업 등 탄소 중립 사회로의 이행을 효과적으로 추진함으로써 환경친화적 국가발전에 이바지하기 위해 설립된 국가 산하기관입니다. 기후대기, 환경시설, 물토양, 자원순환, 국민 건강을 핵심사업으로 하며, 그에 대한 여러 제도를 찾아볼 수 있습니다.
- 관련 기념일: 세계 물의 날(3월 22일), 세계 기상의 날(3월 23일), 세계 보건의 날(4월 7일), 세계 환경의 날(6월 5일), 자원순환의 날(9월 6일)

해양교육포털 궁금海? 함께海!(www.ilovesea.or.kr)

해양 분야별 교육 정보와 각종 자료를 쉽고 편리하게 이용할 수 있도록 구축한 해양전문 온라인 교육사이트입니다. 수업에 활용할 수 있는 PPT와 워크북, 교사용지도서 등의 자료가 학생 수준별로 준비되어 있고, 동영상 자료와 해양용어사전, 바다 동요 대회 음원집 등 바다와 관련된 자료가 무궁무진합니다.
- 관련 기념일: 세계 해양의 날(6월 8일)

환경부(www.me.go.kr)

환경법령, 환경정책, 발행물, 기관 소개, 보도자료 등 정보를 제공합니다. 환경교육에 활용할 수 있는 메뉴로는 '발행물-환경동화', '알림·홍보-홍보자료-그림자료-환경만화'가 있습니다.
- 관련 기념일: 세계 환경의 날(6월 5일)

환경교육 체험학습 추천 장소

고양생태환경교육센터(https://ecopark.goyang.go.kr)

고양생태공원과 일산 호수공원은 생태교육을 위해 조성한 공원으로, 도심 속에 버려진 나대지를 생물에게는 안정적이고 다양한 서식처를 제공하고 자연 속에서 살아가는 생물들을 쉽게 관찰할 수 있습니다. 홈페이지 예약을 통해 '해설이 있는 자연환경체험', '교과 연계 특별 프로그램' 등을 이용할 수 있습니다.

- 주소(전화번호):
  - 고양생태공원 경기도 고양시 일산서구 대화로 315, 031-8075-2832
  - 호수자연학습센터 경기도 고양시 일산동구 호수로 731, 031-923-3356
- 운영 시간:
  - 고양생태교육센터(고양생태공원) 매주 화~토, 10:00~12:00 / 14:00~16:00
  - 호수자연학습센터(일산호수공원), 매주 수·토, 10:00~12:00 / 14:00~16:00
- 관련 기념일: 세계 야생 동식물의 날(3월 3일), 세계 숲의 날(3월 21일)

광명업사이클아트센터(https://upcycle.gm.go.kr)

업사이클링(Up-cycling)은 '업그레이드(upgrade)+리사이클링(recycling)'의 뜻으로 리사이클링에서 한 단계 더 나아가서 단순 재활용을 넘어 가치를 더해 새로운 제품으로 재탄생시키는 것을 말합니다. 광명업사이클아트센터는 국내 최초의 업사이클 특화 문화공간으로서 다양한 업사이클링 전시와 교육 프로그램을 진행하고 있습니다.

- 주소: 경기 광명시 오리로 703
- 전화번호: 02-2680-2086
- 운영 시간: 10:00~18:00(매주 월요일, 공휴일 휴관)
- 관련 기념일: 세계 재활용의 날(3월 18일), 자원순환의 날(9월 6일)

국립생태원(https://www.nie.re.kr)

세계 5대 기후를 재현한 열대관, 사막관, 지중해관, 온대관, 극지관 등 각 기후 대표 동식물 1,600여 종이 전시되어 있어 다양한 생태계를 체험할 수 있습니다. 다양한 기획 전시관, 에코랩, 어린이 생태글방, 4D 영상관을 통해 다채로운 생태공부를 진행할 수 있습니다.

- 주소: 충남 서천군 마서면 금강로 1210
- 전화번호: 041-950-5300
- 운영 시간: 매주 화~일요일, 3월~10월 9:30~18:00, 11월~2월 9:30~17:00
- 관련 기념일: 국제 숲의 날(3월 21일), 식목일(4월 5일), 국제 생물 다양성의 날(5월 22일)

국립 서해안 기후 대기센터(https://science.kma.go.kr/seohaean)

사계절의 특징과, 태풍, 지진, 안개, 기후 변화를 다양한 전시와 체험을 통해 배울 수 있습니다. 또한, 위기 동물, 미세먼지, 해양 쓰레기 등 환경 주제 체험이 시기별로 마련되어 있으며, 환경오염과 지구온난화로 인한 한반도의 기후 변화를 체계적으로 배울 수 있습니다.

- 주소: 충남 홍성군 홍북읍 첨단산단로 15
- 전화번호: 041-921-2890
- 운영 시간: 매주 화~일요일, 10:00~17:30
- 관련 기념일: 세계 기상의 날(3월 23일)

꿀벌 나라 테마공원(https://www.chilgok.go.kr/honeybee)

지구 환경과 인간 삶에 중요한 역할을 하는 꿀벌의 생태환경 및 행동 특성을 전시와 체험을 통해 배울 수 있는 공간입니다. 꿀벌을 테마로 한 연극, 퍼포먼스가 주말마다 펼쳐져서 즐겁고 재미있게 꿀벌에 대해 알아갈 수 있습니다.

- 주소: 경북 칠곡군 석적읍 강변대로 1580-1
- 전화번호: 054-979-8315
- 운영 시간: 매주 화~일요일, 3월~10월 9:00~18:00, 11월~2월 9:00~17:00
- 관련 기념일: 세계 벌의 날(5월 20일)

대전교통문화연수원(http://www.dtcc.or.kr)

대전교통문화연수원은 2010년 어린이 교통안전 체험교육을 위한 교통문화센터로 출범하였습니다. 인터넷이나 전화 예약을 통해 단체예약은 평일, 개인 예약은 주말에 예약하여 참여할 수 있습니다.

- 주소: 대전광역시 유성구 대덕대로 480
- 전화번호: 042-865-1161~1162
- 운영 시간: 매주 화~일요일, 10:00~17:00
- 관련 기념일: 세계 자동차의 날(5월 12일)

땅끝해양자연사박물관(http://tmnhm.co.kr)

뼈 길이 25m, 뼈 무게 3톤에 달하는 대왕고래 뼈 실물 등 해양생물 2700여 종, 15만여 점의 실제 자연 표본을 볼 수 있는 자연사 박물관입니다.

- 주소: 전라남도 해남군 송지면 땅끝마을길 89
- 전화번호: 061-535-2110
- 운영 시간: 매주 화~일요일, 하절기 10:30~18:00, 동절기 10:30~17:00
- 관련 기념일: 세계 고래의 날(2월 셋째 주 일요일), 세계 해양의 날(3월 3일)

상주 자전거 박물관(https://www.sangju.go.kr)

실제 자전거를 보며 자전거의 역사를 살펴보고 체험할 수 있습니다. '지구를 지키는 두 바퀴, 자전거' 상설체험관에서는 자전거 페달을 돌리면 앞에 부착 되어 있는 반딧불이 전구가 켜지도록 설치되어 있어, 자전거 타기를 통한 지구 환경 보호에 대해 배울 수 있습니다.

- 주소: 경북 상주시 용마로 415 일원
- 전화번호: 054-534-4973
- 운영 시간: 매주 화~일요일, 9:00~18:00
- 관련 기념일: 세계 자전거의 날(6월 3일), 세계 차 없는 날(9월 22일)

서산버드랜드(https://birdland.seosan.go.kr)

서산버드랜드는 충남 서산에 위치한 생태공원으로, 다양한 조류를 관찰할 수 있는 공간입니다. 넓은 습지와 산책로가 있어 가족 단위로 방문하기 좋고, 아름다운 경관 속에서 자연을 체험할 수 있어 나들이 장소로도 좋습니다. 다양한 교육 프로그램도 운영 중이며, 특히 4D 영상체험은 아이들이 좋아하니 꼭 추천합니다.

- 주소: 충남 서산시 부석면 천수만로 655-73
- 전화번호: 041-661-8054
- 운영 시간: 매주 화~일요일, 3월~10월 10:00~18:00, 11월~2월 10:00~17:00
- 관련 기념일: 세계 철새의 날(5월, 10월 둘째주 토요일)

서울 물 재생 체험관(https://www.swr.or.kr/museum)

서울 물 재생 체험관은 놀이와 체험을 통해 물 재생 과정을 직접 보고, 경험할 수 있는 공간입니다. 아시아 최대 시설로, 상설전시, 기획 전시 및 다양한 교육과 체험 행사를 진행하고 있습니다. 특히 여름철에는 어린이 물놀이터를 개장하여 어린이늘의 큰 사랑을 받고 있습니다.

- 주소: 서울 강서구 양천로 201 서남물재생센터 내 서울물재생체험관
- 전화번호: 02-3660-2125
- 운영 시간: 매주 화~일요일(매주 월요일, 공휴일 휴관), 10:00~17:00
- 관련 기념일: 세계 물의 날(3월 22일)

서울 새활용 플라자(http://www.seoulup.or.kr)

시민과 어린이를 대상으로 새활용 아카데미를 통한 탐방과 교육을 상시 운영중이며 동시에 이곳에 입주한 기업과 연계하여 다양한 전시프로그램을 진행하고 있습니다.

- 주소: 서울특별시 성동구 자동차시장길49 서울새활용플라자
- 전화번호: 02-2153-0400~0401
- 운영 시간: 10:00~18:00(월요일~토요일/ 일요일 휴관)
- 관련 기념일: 세계 재활용의 날(3월 18일)

서울 에너지 드림센터(https://www.seouledc.or.kr)

국내 최초의 에너지 자립 공공건축물로 실제 제로 에너지를 실현하는 건물입니다. 예약을 통해 전시해설과 체험교육, 직접 자원순환 현장을 방문하는 에코 투어에 참여할 수 있습니다.

- 주소: 서울특별시 마포구 증산로 14(상암동 1535-3, 평화의 공원 내)
- 전화번호: 02-3151-0562
- 운영 시간: 09:30~17:30(화요일~일요일/ 월요일 휴관)
- 관련 기념일: 에너지의 날(8월 22일)

수원시 기후 변화 체험교육관(https://www.swdodream.or.kr)

수원시 기후 변화 체험교육관은 기후변화주제의 전시실을 운영하고 있는데, 아이들이 직접 체험해 볼 수 있는 공간들이 많습니다. 또한, 시기별로 기획 전시를 진행하고 있으며, 탄소 중립 교육, 기후 변화 교육 등 다양한 교육도 운영 중입니다.

- 주소: 경기 수원시 권선구 호매실로 46-38
- 전화번호: 031-273-8320
- 운영 시간: 매주 월, 설·추석 연휴 휴관/사전예약 필수, 10:00~17:00
- 관련 기념일: 국제 북극곰의 날(2월 27일), 세계 기상의 날(3월 23일), 지구의 날(4월 22일), 세계 사막화 방지의 날(6월 17일)

전주시 새 활용센터 다시봄(https://www.juccb.or.kr)

새 활용 단체체험(커피박 자원순환, 헌가구줄게 새가구다오 등), 봄을[보;믈] 찾기, 공간 탐방 프로그램 등 다양한 프로그램을 인터넷 예약으로 신청할 수 있으며, 다양한 기획 전시가 활발하게 이루어지고 있습니다.

- 주소: 전주시 완산구 기린대로 200-5
- 전화번호: 063-231-6600~6601
- 운영 시간: 홈페이지-프로그램 신청에서 각 프로그램 날짜별, 시간별 개별 신청
- 관련 기념일: 세계 재활용의 날(3월 18일)

해우재 문화센터(https://www.nie.re.kr)

세계화장실협회 창립을 기념하기 위해 세계화장실협회장을 지낸 고 심재덕 전 수원시장의 저택을 변기모양으로 지은 건물입니다. 야외와 실내전시를 통해 화장실의 역사와 문화 그리고 과학적 원리 등 다양한 주제를 재미있게 살펴볼 수 있습니다.

- 주소: 경기도 수원시 장안구 장안로 458번길 9
- 전화번호: 031-271-9777
- 운영 시간: 하절기 10:00~18:00, 동절기 10:30~17:00(매주 월요일 휴관)
- 관련 기념일: 세계 화장실의 날(11월 19일)

그림책과 함께하는
일 년 열두 달 환경 기념일 수업

초판 1쇄 발행 2025년 3월 20일

지은이 그림책 수집가
_김나영 김지미 김효남 박민선 송윤희 이도경 이승주 임주미 정혜민 최지연

발행인 김병주
편집위원회 방나희 김춘성 한민호
디자인 정진주 **마케팅** 진영숙
에듀니티교육연구소 이문주 백헌탁

펴낸 곳 (주)에듀니티
도서문의 1644-5798
일원화 구입처 031-407-6368 (주)태양서적
등록 2009년 1월 6일 제300-2011-51호
주소 서울특별시 중구 남대문로 117, 동아빌딩 11층
출판 이메일 book@eduniety.net
홈페이지 www.eduniety.net
페이스북 www.facebook.com/eduniety
인스타그램 www.instagram.com/eduniety/
　　　　　www.instagram.com/eduniety_books/
포스트 post.naver.com/eduniety

문의하기

투고안내

ISBN 979-11-6425-176-6

값은 뒤표지에 있습니다.

- 이 책은 저작권법에 따라 한국 내에서 보호를 받는 저작물이므로 무단 전재 및 복제를 금합니다.
- 잘못된 책은 구입한 곳에서 바꿔드립니다.